英語教育21世紀叢書

英語を使った「総合的な学習の時間」
―― 小学校の授業実践

服部孝彦・吉澤寿一 ―― 著

大修館書店

まえがき

　一般的に，ある年齢を過ぎると外国語を習得するのが難しくなる時期があることが知られている。この年齢は，研究者により意見が分かれるが，年齢が上がれば上がるほど言語習得が難しくなるのは事実である。その意味で小学校での英語教育は，言語習得という点から歓迎すべきであろう。しかし，それぞれの学校が趣旨と目標を明確にしないうちに英語教育を導入しては，多くの問題が生じる。

　本書では，第1部で，1992年からの研究開発学校での実践，及び言語習得理論から小学校英語教育を考えていく。学校現場での実践研究と言語習得の理論研究は，車の両輪のようなもので，どちらも欠くことはできない。第2部では，2002年度から導入される「総合的な学習の時間」を利用して，研究開発学校ではなく，ごく普通の公立小学校でも行える国際理解教育の一環としての英語活動の実践例を紹介している。現在の公立小学校での教育の中で，英語教育に専門的な知識・経験を持たない教員が，無理なく取り組める活動の授業実践が多く示されている。

　外国語を学ぶということは単なることばの学習だけではない。それは異文化の世界に触れることであり，視野を広め，思考も柔軟になることを可能にしてくれる。本書が，文字どおり手探りの状態で小学校での英語教育に携わる先生方にとって，お役に立てば幸いである。

　私は，これまで，数多くの小学校で，英語の授業を見せていただいてきた。どの学校でも，子どもたちは，皆，目を輝かせて生

き生きと英語活動に取り組んでいた。中学校英語教員からは，英語学習の楽しい段階をすべて小学校に持っていかれてしまうので，授業をますます工夫しなくてはならないという声を多く聞く。小学校で「聞く」，「話す」を中心に英語に触れることは，もっとも楽しい英語学習なのである。本書を利用して，英語への抵抗感をなくし英語を学ぶ楽しさを先生方も体験していただきたい。

最後に，私がアメリカ在住のため，吉澤先生をはじめ，授業実践例を提供して下さった先生方と互いに密に連絡を取り合うことができるように苦労してくださった大修館書店編集部の池田恵一氏に心からお礼を申し述べたい。

2002年2月10日

緑豊かな学園都市米国ケンタッキー州ミュレーにて
服部孝彦

『英語を使った「総合的な学習の時間」
——小学校の授業実践』目次

まえがき ———————————————————————— iii

第1部 「総合的な学習の時間」と国際理解教育 —— 3

第1章 小学校への英語教育導入　　　　　　　　　5

1. 英語教育導入の経緯 ———————————————— 5
2. 総合的な学習の時間 ———————————————— 7
   - 2-1 外国語会話と英語会話 ———————————— 7
   - 2-2 国際理解教育 ———————————————— 9
3. 研究開発学校 ——————————————————— 10
   - 3-1 研究開発学校の指定 ————————————— 10
   - 3-2 目標設定 —————————————————— 11
   - 3-3 指導体制と指導者の役割 ——————————— 13
   - 3-4 動機づけ —————————————————— 16
   - 3-5 授業時間の弾力的運用 ———————————— 17
   - 3-6 英語嫌いへの対応 —————————————— 18
   - 3-7 評価 ———————————————————— 21
4. カリキュラム作成上の視点 ————————————— 22

第2章 言語習得理論と小学校英語教育　　　　　24

1. 言語と思考 ———————————————————— 24
2. バイリンガル ——————————————————— 25
3. 認知的要求度 ——————————————————— 27

- 4. 言語習得と年齢 ―――――――――――――― 28
- 5. モニター・モデル ―――――――――――――― 31
- 6. モニター・モデルへの批判 ―――――――――― 33
- 7. モニター・モデルの教室への応用 ―――――― 34
- 8. 言語獲得装置 ―――――――――――――――― 35
- 9. 言語の忘却 ――――――――――――――――― 37

第3章 コミュニケーション能力と小学校英語　39

- 1. なぜ英語が聞き取れないのか ――――――――― 39
- 2. 失敗しない話し方 ―――――――――――――― 40
- 3. 日本語と英語の発想法の違い ――――――――― 42
- 4. 英語の丁寧表現 ――――――――――――――― 45
- 5. 英語の論理 ――――――――――――――――― 46
- 6. 日本人の英語 ―――――――――――――――― 48

第4章 異文化理解と小学校英語　50

- 1. 異文化理解の難しさ ――――――――――――― 50
  - 1-1 異文化理解のための基本姿勢 ―――――― 50
  - 1-2 異文化理解の障害 ――――――――――― 51
  - 1-3 価値観の違い ――――――――――――― 52
- 2. コミュニケーション能力と異文化理解 ―――― 53
  - 2-1 コミュニケーション能力とは ―――――― 53
  - 2-2 異文化間コミュニケーションのルール ― 54
  - 2-3 やさしい英語で異文化理解 ――――――― 55

第2部　英語活動の実践例 —————————————— 63

第1章 はじめに
──ネイティブ・スピーカーとの体験的
外国語学習を通しての国際理解教育　　65

1. 「多文化共生」の時代を迎えて ——————————————— 65
   - 1-1 小学校における英語学習導入の背景 ———————— 66
   - 1-2 プロジェクト・チームによる研究 ————————— 68
   - 1-3 研究の重点 ————————————————————— 69

第2章 英語活動の授業案と年間プランの立て方　71

1. 授業の展開例 —————————————————————— 71
   - 1-1 詳細な授業案の例 ——————————————— 73
   - 1-2 授業のねらいや担任・ALT の動きが見える授業案の例
     ———————————————————————————— 82
   - 1-3 要点を簡潔・明瞭に表わす授業案の例 ————— 86
   - 1-4 授業ノートの作成 ——————————————— 87
2. 英語活動の年間プラン ————————————————— 91
   - 2-1 A小学校の年間活動計画 ———————————— 93
   - 2-2 B小学校の年間活動計画 ———————————— 105
   - 2-3 C小学校の年間活動計画 ———————————— 106
3. 年間を通した授業展開例と「授業ノート」から ————— 107
   - 3-1 4月──6年生「英語活動」授業案（第1回）—— 107
   - 3-2 5月──6年生「英語活動」授業案（第2回）—— 109
   - 3-3 6月──6年生「英語活動」授業案（第3回）—— 111
   - 3-4 7月──6年生「英語活動」授業案（第4回）—— 114

3-5 9月——6年生「英語活動」授業案（第5回）—— 116
3-6 10月——6年生「英語活動」授業案（第6回）—— 119
3-7 11月——6年生「英語活動」授業案（第7回）—— 123
3-8 12月——6年生「英語活動」授業案（第8回）—— 125
3-9 2月——6年生「英語活動」授業案（第9回）—— 128
4. まとめ——アンケート調査結果から ——————————— 132
   4-1 A校の場合 ——————————————————— 132
   4-2 B校の場合 ——————————————————— 135
   4-3 C校の場合 ——————————————————— 137

第3章 各学校の実践例　　141

1. 「英語とともだち」——D小学校6年生 —————————— 141
   1-1 はじめに ———————————————————— 141
   1-2 活動計画 ———————————————————— 144
   1-3 授業の展開 ——————————————————— 148
   1-4 授業の記録 ——————————————————— 149
   1-5 授業を終えて —————————————————— 150
2. 「英語にチャレンジ！」——E小学校3年生・6年生 ———— 151
   2-1 はじめに ———————————————————— 151
   2-2 活動計画 ———————————————————— 152
   2-3 授業の展開 ——————————————————— 155
   2-4 授業の記録 ——————————————————— 157
   2-5 授業を終えて —————————————————— 158
3. 「みんなとなかよく」——F小学校2年生 ———————— 159
   3-1 はじめに ———————————————————— 159
   3-2 活動計画 ———————————————————— 161
   3-3 授業の展開 ——————————————————— 164

  3-4 授業の記録 ―― 166
  3-5 授業を終えて ―― 167
 4.「英語とこんにちは」――G小学校4年生 ―― 168
  4-1 はじめに ―― 168
  4-2 活動計画 ―― 169
  4-3 授業の展開 ―― 172
  4-4 授業の記録 ―― 174
  4-5 授業を終えて ―― 175
 5.「英語をならってみたいな」――H小学校6年生 ―― 176
  5-1 はじめに ―― 176
  5-2 活動計画 ―― 178
  5-3 授業の展開 ―― 184
  5-4 授業の記録 ―― 185
  5-5 授業を終えて ―― 186

あとがき ―― 187

参考文献・教材 ―― 189

索引 ―― 192

英語を使った「総合的な学習の時間」
―― 小学校の授業実践

第1部

「総合的な学習の時間」と国際理解教育

1 小学校への英語教育導入

1 英語教育導入の経緯

　急激な国際化の流れの中で，日本の英語教育は，その効率の悪さで批判を浴びてきた。昭和61（1986）年4月の臨時教育審議会の第二次答申で，日本の英語教育の非効率性が強く指摘された。そして，平成3（1991）年12月の臨時行政改革審議会で「小学校でも英会話などの外国語会話の特別活動の推進」が答申され，また，平成4（1992）年1月の日本教職員組合の教研集会でも，当時の委員長が「小学校の英語教育」の必要性を提起している。同年5月に，文部大臣が「国際理解教育の一環としての英語教育を実験的に導入」を表明し，初めての研究開発学校が誕生した。

　平成5（1993）年に入ると7月30日に，初等中等教育局の私的諮問機関である「外国語教育の改善に関する調査研究協力者会議」は，「中学校・高等学校における外国語教育改善の在り方について」の報告の中で「外国語の学習の開始年齢の問題について」次のように提言した。

　1．児童は，外国語に対する新鮮な興味と率直な表現力を有し，音声面における柔軟な吸収力を持っているため，外国語の習得に極めて適している。そのため，小学校段階から外国語教育を

開始すれば,その能力を中学校,高等学校へと発達することにより,日本人の外国語の能力は著しく向上するとの考え方がある。

また,小学校段階では日本語を基礎としたコミュニケーション能力の育成をまず重視すべきであるとの考え方や,児童の学習負担という見地からも慎重な検討が必要であるとの考え方もある。

2. 小学校で外国語を教科として指導するとなると,上記の問題のほか小学校教育の基本的な在り方や目的についてどう考えるのかという問題,教員の確保の問題,教科としての目標,内容,評価をどうするかという問題,他の教科との関係の問題等検討すべき多くの問題があることが指摘されている。

このような観点を踏まえ,何より実践的な研究を一層積み上げることが肝要であり,研究開発校等の制度を活用して研究実践を充実することが適当である。

その際,研究を内容的に深め,授業時間内での取り組み,部活動等課外活動としての取り組みなど様々な幅広い試みができるような実践研究を行うことが必要である。

この報告は,推進と反対の両論を併記し,実験を積み重ねながら総合的に検討していくというものであった。

平成8 (1996) 年7月の第15期中央教育審議会の第一次答申では,「小学校における外国語教育の扱い」を次のように提言し,当初検討されていた「教科」としての導入を見送り,「総合的な学習の時間」のなかの「国際理解」の一環として導入することが決定した。

小学校段階において,外国語教育にどのように取り組むかは非常に重要な検討課題である。

本審議会においても，研究開発学校での研究成果などを参考にし，また専門家からのヒアリングを行うなどして，種々検討を行った。その結果，小学校における外国語教育については，教科として一律に実施する方法は採らないが，国際理解教育の一環として，「総合的な学習の時間」を活用したり，特別活動などの時間において，学校や地域の実態等に応じて，子供たちに外国語，例えば英会話等に触れる機会や，外国の生活・文化などに慣れ親しむ機会を持たせることができるようにすることが適当であると考えた。

　小学校段階から外国語教育を教科として一律に実践することについては，外国語の発音を身に付ける点において，また中学校以後の外国語教育の効果を高める点などにおいて，メリットがあるものの，小学校の児童の学習負担の増大の問題，小学校での教育内容の厳選・授業時数の縮減を実施していくこととの関連の問題，小学校段階では国語の能力の育成が重要であり，外国語教育については中学校以降の改善で対応することが大切と考えたことなどから，上記の結論に至ったところである。

我が国における小学校への英語教育の導入は，歳月の経過のなかで，当初とはかなり異なった位置づけで導入されることとなった。

2　総合的な学習の時間

2-1　外国語会話と英語会話

新学習指導要領では，小学校の第3学年から「総合的な学習の

時間」が新設され，そこでは，「国際理解，情報，環境，福祉・健康などの横断的，総合的な課題，児童の興味・関心に基づく課題，地域や学校の特色に応じた課題などについて，学校の実態に応じた学習活動を行うもの」としている。すなわち国際理解に関する学習の一環として外国語会話等を行うことが可能となったわけである。それを行う場合の配慮事項として，次のように述べられている。

> 国際理解に関する学習の一環としての外国語会話等を行うときは，学校の実態等に応じ，児童が外国語に触れたり，外国の生活や文化などに慣れ親しんだりするなど小学校段階にふさわしい体験的な学習が行われるようにすること。

「小学校段階にふさわしい体験的な学習」とは，外国語学習の面白さを学ぶことであり，現在行われている中学校での学習をそのままの形で小学校に移すことではない。すなわち，教師が教え込むというものではなく，子どもたちが楽しみながら外国語に触れ，興味・関心を持つ等の動機づけをすることや，豊かな感情を養うといった内容でなくてはならない。なお，外国語会話とは，現実的には国際語として世界で広く使用されている英語を使っての会話になる。これは，英語が他の外国語に比べて利用されることが多いからである。2001年に文部科学省が外国語会話の学習のために発行した手引きでも「現在，世界の多くの場面で視聴されている言語であることや子どもが学習する際の負担等を考慮して，この手引では，英語を取り上げる」としている。そして手引のタイトルも『小学校英語活動実践の手引』となっている。しかし，外国語会話で英会話のみを取り上げる際の注意点がある。

英会話を学習すると，結果的には英語国民の文化を学習するこ

とが多くなるわけであるが,その際,学ぶ英語文化は,見習うモデルとしてではなく,異文化の一例にすぎないということを学習者たちにはっきりと認識させておく必要がある,ということである。そして,その認識に立った上で,日本文化との比較,あるいは他のさまざまな文化背景を持つ人々を理解する手段として応用できるようにすることである。小学校での英会話学習は,あくまでも国際理解の枠組みの中で行われるものなのである。

2-2　国際理解教育

　平成8 (1996) 年4月のユネスコ「21世紀教育国際委員会」の報告書では,生涯にわたる学習の4本柱のうち「他者とともに生きることを学ぶ」ことの重要性が強調され,これを受けた形で同年7月の中央教育審議会の答申「21世紀を展望した我が国の教育の在り方について」第3部,第2章「国際化と教育」の,これからの国際化に対応する教育の3つの留意点として,(1)広い視野を持ち,異文化を理解するとともに,これを尊重する態度や異なる文化を持った人々とともに生きていく資質や能力の育成を図ること,(2)国際理解のためにも,日本人として,また,個人としての自己の確立を図ること,(3)国際社会において相手の立場を尊重しつつ,自分の考えや意志を表現できる基礎的な力を育成する観点から,外国語能力の基礎や表現力等のコミュニケーション能力の育成を図ること,があげられた。

　(1)の多元的な価値観の尊重とは,正しいとか誤りという基準ではなく,違いを違いとして認識していく態度,共通点を見つける態度,などである。外国人との円滑なコミュニケーションを行うためには,相手のことを尊重し,思いやることが必要だが,文化圏によっては,その気持ちを具体的な言葉で表わさなければ理解

してもらえないこともある。しっかりと言葉に出して伝える習慣も，外国語教育では必要となる。(2)の自己の確立とは，国際社会における日本人としての，また個人としてのアイデンティティの確立である。これが確立すれば，自分の考えもはっきりと述べることができ，発信型のコミュニケーションも可能となる。(3)の国際社会に役立つコミュニケーション能力の育成とは，さまざまな表現力の育成にとどまらず，国際的に通用するコミュニケーション能力を育成すること，すなわち，理論的に相手を説得できる能力の育成も含まれると考えられる。日本の教育では，この論理性を重要視した教育があまり行われていなかったという現実があった。いずれにせよ外国語教育の分野では，(1)の多元的な価値観の尊重と(2)の自己の確立を視野に入れながら，(3)の国際社会に役立つコミュニケーション能力の育成が主となる。

3 研究開発学校

3-1 研究開発学校の指定

　研究開発学校とは，学校教育法施行規則（第26条の2）に基づき，教育課程の基準改善のために文部大臣の委嘱を受けて，現行の教育課程の基準によらない教育課程を編成及び実施して研究開発を行う学校である。1992年度の大阪市立味原小学校，大阪市立真田山小学校の2校にはじまり，1993年に2校，1994年に12校，1996年度に35校，1997年に12校の小学校が指定を受けた。1996年からは，各都道府県に1校が指定されたことになる。

　研究指定の期間は原則として3年で，文部省からの委嘱の仕方としては，1994年度のみ，教科，クラブ活動，教科とクラブ活動

の組み合わせという3種類の指定がおこなわれたが,それ以外の年度は,特にそのような指定はなかった。さらに2000年からは,教科としての「英語科」の研究のため学校が指定された。

3-2 目標設定

　各研究開発学校では研究を進めるにあたって研究主題を設定している。研究主題の中で使われるキーワードに着目してみると,最も多いのは「コミュニケーション」である。具体的には福岡県福岡市立飯倉中央小学校の「英語に慣れ親しみ,英語を使ってコミュニケーションを図ろうとする態度を養う」や,東京都目黒区立駒場小学校の「国際化時代を生きる子供の育成：身近で初歩的な英語に親しみ,体験的な活動を通して国際的な視野で進んでコミュニケーションを図ろうとする態度を育てる」のように,英語に慣れ親しみながら英語コミュニケーションへの基礎作りなどをねらいとしたものである。

　研究開発学校の中には,英会話学習を,単に定型表現を使用するにとどまらず,自分の意思を表現することまでを目標としているところもある。具体的には,富山県氷見市立海峰小学校の「自分の考えを持ち,進んでコミュニケーションを図ろうとする子どもの育成」や広島県廿日市市立金剛寺小学校の「主体的にコミュニケーションを図る子どもを目指して：表現力・受容力・実践力の育成」などである。

　さらに,国際理解・異文化理解を前面に押し出し,英語は手段と考え,「相手の考えや立場を理解・尊重し,国際社会を豊かにたくましく生きる基礎的な資質や能力を育てる」(静岡県浜松市立西小学校)や「児童の諸外国や異文化に対する興味・関心を中心に据え,外国語に楽しくふれる場を設定し,諸外国の文化をよ

り広く，深く知ろうとする意欲を持つ子どもを育成する」（奈良県橿原市立耳成西小学校）を目標にしている学校もある。

以下，研究開発学校での研究主題の代表的なものを見てみることにする。これらの学校での研究主題から小学校への英語学習が何を目指しているのかを読み取ることができる。

- 英語に対する興味・関心を持ち，外国の人々と積極的にコミュニケーションを図ろうとする能力や態度を育てる。（大阪府大阪市立真田山小学校）
- 外国の人や外国の文化等に親しむ活動を通して，自分と身近な外国や外国の言葉に関心を持ち，自分自身や自分の生活について考えると共に，進んで英会話を楽しもうとする態度を養う。（鹿児島大学教育学部附属小学校）
- 音声を中心とする英語学習を進めることにより英語に親しみをもち，楽しく学ぼうとする意欲や積極的にコミュニケーションを図っていこうとする態度の育成。自分たちとは異なる言語や文化に触れることを通して国際理解の基礎を培う。（香川県直島町立直島小学校）
- 人間尊重，文化の理解と尊重，表現力の育成，コミュニケーション能力・態度の育成。（石川県金沢市立南小立野小学校）
- 英語に親しみ，進んで外国の文化に関心を持つことのできる子をめざして。（福井県福井市立湊小学校）
- 国際社会を生き抜くための，豊かな表現力をもった子どもの育成。（滋賀県湖東町立湖東第二小学校）
- 国際社会を共に生きる"稲成っ子"の国際交流を深める教育課程の創造。（和歌山県田辺市立稲成小学校）
- 豊かな国際感覚の基礎を身につけた子どもの育成：新教科「国際体験科」の実践を通して。（島根県松江市立城北小学校）
- 国際的視野に立ち，主体的に学ぶ児童の育成方法について：豊

かな国際体験交流を通して，英語活動の方向をさぐる。(高知県田野町立田野小学校)
- 豊かな国際感覚と表現力を高める教育の創造。(佐賀県伊万里市立滝野小学校)
- 国際社会に生きる豊かな表現力を持った子どもの育成：楽しく学べる英語学習を通して。(大分県大分市立荷揚町小学校)
- 英語に親しみ，進んでコミュニケーションを図ろうとする児童の育成。(三重県鈴鹿市立椿小学校)
- 国際社会に「生きる力」をはぐくむ教育課程の創造：子どもが楽しむコミュニケーションタイム，ワールドタイムの活動を工夫して。(福岡県小郡市立東野小学校)
- 豊かなコミュニケーション能力の育成を目指した英語活動のあり方を求めて：わくわく，いきいき，楽しい活動づくりから。(熊本県七城町立七城小学校)

3-3 指導体制と指導者の役割

　すべての研究開発学校では，ALT を活用したティーム・ティーチングが行われている。最も多いのが学級担任と ALT とのティーム・ティーチング，次いで，学級担任，日本人英語教師と ALT の3者によるティーム・ティーチングである。これは研究開発学校ということで，予算面においても人材面においても，大変恵まれているケースである。しかし，全ての学校がこのような恵まれた条件下にあるわけではない。小学校での英語学習で ALT の配置の制度が整うまでは，指導形態としては，主として次のバリエーションがあろう。

　(1)学級担任＋日本人英語教師＋ALT，(2)学級担任＋ALT，(3)学級担任＋日本人英語教師，(4)日本人英語教師＋ALT，(5)日本

人英語教師，(6)学級担任。

この他に，学級担任と地域のボランティアとのティーム・ティーチングなども考えられる。

日本人教師とALTについて，高知県田野町立田野小学校では，次のように役割分担を決めている。

　学級担任，日本人英語教師の役割：(1)学習規律と児童たちの動機づけ，(2)教材準備，(3)授業のアイディア提示，(4)児童の理解の確認，(5)主たる日本語話者。
　ALTの役割：(1)文化的な事柄の情報供給，(2)教材準備，(3)授業のアイディア提示，(4)発音のモデル，(5)主たる英語話者。

埼玉県春日部市立粕壁小学校では，指導形態のパターンを，(1)学級担任＋日本人英語教師＋ALTのティーム・ティーチング，(2)学級担任＋ALTのティーム・ティーチング，(3)学級担任＋日本人英語教師のティーム・ティーチング，(4)学級担任のみの指導，の4つに分け，それぞれの指導者の役割を，

　ALT：(1)ネイティブな発音の提供，(2)異なる文化・生活情報の提供，(3)（外国の）雰囲気づくり
　日本人英語教師：(1)学級担任とALTとの橋渡し，(2)学級担任へのアイディアの提供，(3)児童を分担して支援，(4)ALTの完全な代役，(5)（英語学習の）雰囲気づくり
　学級担任：(1)指導案作成，(2)教材作成，(3)授業全体の流れを作る，(4)子どもの側のスタンスで活動する，(5)（学級の）雰囲気づくり

としている。

2002年度から最も多くの公立小学校で行われることになるのは，学級担任のみの指導である。英語を「聞く」「話す」ための指導

法，教材などについては，各学校の国際理解教育における英会話学習の考え方に基づいて，子どもの実態を考慮して対応していくわけではあるが，次にあげるような視聴覚教材やゲームなどの活用が有効である。

ビデオ教材としては『NHK英語で遊ぼう　オリジナル編集』(リンガフォン)，『ノッポさんの英語塾』(NHKエデュケーション)，『小学館ドラえもんの英語塾』(小学館)，さらに「お話」中心のビデオ教材として *The Ugly Duckling* (ウォーカーズカンパニー) や *The Three Little Pigs* (ウォーカーズカンパニー) などがある。アメリカに行く友人などがいれば，アメリカで販売されている英語吹き換え版の日本の人気アニメのビデオ『ポケモン』，『となりのトトロ』，『魔女の宅急便』，『らんま1/2』，『ドラゴンボールZ』，『セーラームーン』などを買ってきてもらうのもよい。

歌は，英語のリズムに親しむために効果的である。この英語のリズムを身につけることは，英語を聞くのと同様，話すためにも必要である。子どもに聞かせる歌として，入手しやすく，リズム感があり，繰り返しは多いが単調になりすぎないものに，次のような歌がある。

Head, shoulders, knees, and toes
Here we go round the mulberry bush
It's a Small World
London bridge
Old MacDonald
Row, row, row your boat
Ten little Indians
The farmer in the dell
Twinkle, twinkle, little star
We wish you a Merry Christmas

ゲームとしては，"Simon Says" や "Fruit Basket" などさまざまなものがあるが，楽しさの中に，一人ひとりの子どもが発話できる機会をなるべく多くするような指導が大切である。

　英語学習は，教室の中だけではない。国際理解の一環としての英語学習であるので国際体験活動なども行い，外国人との交流などを学年単位などで計画したいものだ。東京都目黒区立駒場小学校では，国際体験活動として，いろいろな国の人と遊ぶ，留学生会館を見学する，外国の人と共にクッキーやパンづくりをする，外国の人に日本のお正月を紹介する，外国の様子を教えてもらう，外国の人との交流給食を楽しむ，外国の人とスポーツをして楽しむ，などを行っている。国際体験活動をとおして，英語を使用して通じる喜びと，異文化への興味・関心を高めることができる。

3-4　動機づけ

　研究開発学校のシラバスを見ると，その学習内容は，中学・高等学校のそれとは大きく異なっている。言語材料にかわって題材や活動が中心となっているのである。中学や高校の英語の授業で一般的になっている言語材料の習得をねらいとした学習は，ほとんどみられない。

　以下は，研究開発学校での代表的な英語学習への動機づけの工夫である。

- 体感的な学習を通してコミュニケーションが図れるよう課題を設定。ゲームや歌，クイズ，指示での物作りや作業，習慣の違いや外国の話等を盛り込む。（大阪府大阪市立味原小学校）
- 授業にゲームを取り入れ，英語や海外の様子を知ることの喜びを味わえるようにしている。（大阪府大阪市立真田山小学校）
- ゲームや遊びなどを通して ALT を交えた音声重視の活動（文

字指導は行わず）を設定し，生きた英語のシャワーを浴びられるように配慮。（鹿児島大学教育学部附属小学校）
- ゲーム，スポーツを中心に英語に親しむ活動，直接経験，模倣体験を通して，興味・関心別活動。（埼玉県越谷市立大沢小学校）
- 子どもが熱中して取り組むことのできる課題や単元構成を工夫することにより，自然に英語を使うという状況をつくる。（富山県氷見市立海峰小学校）
- どの子もやりたくなる，楽しい，わかりやすいゲームや活動を指示する。チャンツや身体表現を持ち込む。（大分県大分市立荷揚町小学校）
- 歌やゲームを通して，英語が言える喜び・楽しさを味わえる活動を積み重ねる。（沖縄県浦添市立浦添小学校）
- 実物や絵カード等を使い，歌，絵本の読み聞かせ，ゲーム，ごっこ遊び等楽しい活動を取り入れる。（三重県鈴鹿市立椿小学校）
- 歌やゲーム，チャンツ，ごっこ活動等の開発。教材・教具の工夫。学習過程を「わくわく」「いきいき」「やったね」の3段階とする。（熊本県七城町立七城小学校）

3-5 授業時間の弾力的運用

「総合的な学習の時間」は，第3，4学年に105時間，第5，6学年に110時間設けられているが，実際に英語学習に使えるのは，そのうちの一部であろう。研究開発学校の中には，千葉県東金市立鴇嶺（ときがね）小学校のように，通常の授業時間にこだわらずフレキシブルに考え，20分×週1回を英語活動の時間にし，一定の成果をあげた学校もある。また，千葉県成田市立成田小学校のように，

モジュール方式を教育課程に導入した学校もある。

成田小学校では，年間を通して，児童が英語に触れることができるのは24時間程度であることから，授業時間を細分化し，英語に触れる回数を増やすことを試みた。1モジュール20分間を基本単位として構成し，2モジュールを1時間，さらに1・2校時，3・4校時，5・6校時を1ブロックと考え，日課表には午前中に8モジュール，午後に4モジュールの授業を位置づけた。そして，各教科活動，学習の特性や児童の発達段階に即してモジュールは弾力的に運用されるようになっている。実際に成田小学校では，このモジュール方式の導入に伴い，各教科・領域の単元構成と年間指導計画が見直され，またノーチャイム制も導入されたのである。

1回の授業時間を短くして英語学習をすることは，子どもにとっては，「もっとやりたい」という英語への学習意欲がわく上に，集中力が持続し，ALTとの触れ合いの機会が増すという点でメリットがあると言える。

3-6 英語嫌いへの対応

研究開発学校での児童を対象にした意識調査によれば，圧倒的多数の児童が英語学習が「好き」で「楽しい」と答えている。その理由としては，歌やゲーム，ALTとの活動が楽しい等である。

一方，以下に示すとおり，学年が上がるにつれて，肯定的評価の割合が減少する傾向も見られる。
- 3年間の活動を通して「おもしろい／楽しい」の割合は，1年次が95.1％，3年次が79.6％。(福岡県福岡市立飯倉中央小学校)
- 同一学年を対象に継続的に意識調査したところ，「英語の勉強

は楽しい」と回答する児童が3年間で70%から30%へと年々減少している。(東京都目黒区立駒場小学校)
- 高学年の子どもたちは,大きな声で歌ったり,無邪気に遊んだりすることを好まなくなる。(福島県表郷村立表郷小学校)
- 意識調査によれば,全校の92%の児童が「楽しい」と答えている。特に,低学年では90%程度,中学年では50%弱の児童が「とても楽しい」と答えている。しかし学年進行につれ「とても楽しい」と感じる児童の割合が減少している。(愛知県西尾市立花ノ木小学校)
- 意識調査によれば,3年生では8割の児童が「楽しい」と回答しているが,学年があがるにつれ,「英語が難しい」「チャンツやダンスがいや」という児童が増えている。(島根県松江市立城北小学校)
- 意識調査によれば,低学年では9割が,高学年では7割が「英語の授業は好き」と回答している。(大分県大分市立荷揚町小学校)
- 英語学習に対して「とても楽しい／楽しい」と答えた児童は9割に達する。しかし,学習経験が増すにつれてその割合が減少し,参加意欲に差が見られる。(香川県仁尾町立仁尾小学校)
- 「楽しい」と感じている子どもは全校の98.5%である。「とても楽しい」と答えている子どもの割合は特に低学年で顕著である。(熊本県七城町立七城小学校)

　小学校での英語活動は,あくまで英語に慣れ親しみ,楽しく学習するという姿勢を貫かなくてはならない。影浦(2000)は,小学校における英語嫌いを生み出す要因として,(1)活動内容が子どもの興味・関心,要求などのニーズをとらえきれなくて,子どもの実態と活動内容にずれが生じること,(2)教師に新しいことを覚

えさせたいという思い込みがつよく,子どもが不安感や緊張感を覚え,活動に興味を失うこと,(3)教師の指導方法にマンネリ化の傾向が生まれ,子どもが活動に興味を失い,活動への意欲が低下すること,の3点をあげている。

そして,英語活動を指導する際の理念として,(1)「教える」姿勢から「学ぶのを助ける」姿勢へと転換する,(2)意思の伝達性を大切にする,(3)音声を中心にして指導する,(4)ゲームなどを中心にした活動を工夫する,(5)多様なティーム・ティーチングや視聴覚機器を活用する,(6)英語活用の日常化と学校行事を工夫する,をあげている。

英語学習に拒否反応を示す児童への対応策は,各学校の校内体制で検討しておく必要がある。研究開発学校での英語嫌いに対する対応には,次のようなものがある。

- 抽象的な単語や文の量を抑え,具体的な動作や表情等と結びついた単語を用いたりわかりやすい説明も加えたりする。(大阪府大阪市立味原小学校)
- 児童に負担を感じさせない程度の難易度の学習内容に精選・充実を図る。(大阪府大阪市立真田山小学校)
- 指導過程は柔軟に変更し,子どもの興味・関心・意欲・態度などから常に子どもの実態にあったものにしていく。(福岡県福岡市立飯倉中央小学校)
- 英語のゲームが楽しくないという児童が少数いる。得手,不得手の意識が芽生え,それが取り組みの積極性の違いになって表われてきている。同じパターンを繰り返さないよう配慮したり,題材・場の設定を工夫したりする。(長崎県多良見町立伊木力小学校)
- 活動を多様にする。子どもの知的興味のある内容を取り上げ,日本語でも話せる雰囲気をつくる。言語材料を十分吟味する。

(富山県氷見市立海峰小学校)
- 個別活動体制をとる。(石川県金沢市立南小立野小学校)
- 一人ひとりに応じた活動の場を与えていくことができるような授業を工夫していく。(福井県福井市立湊小学校)
- 異文化理解を主なねらいとした活動を取り入れる。(島根県松江市立城北小学校)
- 既習のフレーズや単語を繰り返し使う。実践と結びつくような場面の設定をする。(東京都文京区立誠之小学校)

3-7 評価

　評価について渡邉(2000)は,「従来から行っているような評価をする必要はない。もし評価をするなら,子どもの学習プロセスにかかわる部分を評価すべきである」と述べている。確かに「総合的な学習の時間」における国際理解の一貫としての英語会話は,教科ではないので到達目標は必要としない。しかし,評価は指導の過程や結果を判断し,次の指導に役立てるという意味では,非常に重要である。

　以下,研究開発学校で実際に行われた評価方法をあげる。
- 児童の自己評価,友達との相互評価,教師の観察による評価,コミュニケーションへの積極性を見る意識調査。(香川県直島町立直島小学校)
- 児童の自己評価,教師の観察による評価。(福岡県福岡市立飯倉中央小学校)
- 児童の自己評価カード,教師の観察による評価。(埼玉県越谷市立大沢小学校)
- 自己・相互評価,意識調査,通知表への所見。(長崎県多良見町立伊木力小学校)

- 自己評価カード，感想カード，教師の観察。（栃木県小山市立小山第二小学校）
- 自己評価カード，意識調査，教師による観察。（千葉県成田市立成田小学校）
- 自己評価カード，教師の観察，英語学習日記。（富山県氷見市立海峰小学校）
- 振り返りカードを使っての自己評価，相互評価，意識調査，教師の観察記録（楽しめたかどうかを唯一の教師評価の観点とする）。（石川県金沢市立南小立野小学校）
- 自己評価，教師による観察。（愛知県西尾市立花ノ木小学校）
- 児童への意識調査。（島根県松江市立城北小学校）
- 児童の自己評価。（高知県田野町立田野小学校）
- 児童の自己評価，相互評価，教師の評価。（三重県鈴鹿市立椿小学校）

評価方法としては，児童による自己評価や相互評価，教師の観察による評価を行っている学校が多いことがわかる。また，児童へのアンケート調査による実態把握なども行われている。

4 カリキュラム作成上の視点

小学校の「総合的な学習の時間」に行われる国際理解に関する学習の一環としての英語学習には，定められた目標があるわけではない。そもそも，カリキュラムは，国が一律な枠組みを定めるといったものではなく，本来は教える側の働きかけと学ぶ側の学習の総体であり，各学校が開発すべきものとも言える。このように，カリキュラムは公的な標準が与えられ，それを基にするのではなく，地域や学校，子どもたちの実態に応じて教育現場で作っ

て行くものであると考えるべきである。

　研究開発学校での英語学習のカリキュラムは実に多様である。これは，標準的なカリキュラムがあらかじめ示され，各学校がそれに大筋で従ったという従来の方法でカリキュラムが作られたのではないからである。

　小学校での英語学習は，中学校や高等学校での「英語」という教科の枠にとらわれないわけであるから，カリキュラム編成の際，言語材料は中心とはならない。子どもの興味・関心を引きつけることができる活動が中心となるべきである。歌やチャンツなどの音やリズムに親しむ活動，さまざまなゲーム等の楽しめる活動，買い物，電話，道案内等の言語の使用場面に重点を置いた活動，外国の人々との交流会やクリスマス会等の異文化理解に重点を置いた活動，料理，スポーツ等の体験重視の活動，本読み等の知的好奇心を満たす活動などが考えられる。さらに，学校の年間行事，地域の行事，季節なども考慮に入れれば，さらに子どもたちの興味・関心を引きつけることができるであろう。

　カリキュラム作りは，まず学校内にカリキュラム開発の何らかの組織を作り，地域や子どもの実態を把握し，目標と配当時数，題材と場面，教材，活動内容を決めていかなくてはならない。研究開発学校のカリキュラムに学び，文部科学省の『小学校英語活動実践の手引』を参考に ALT の協力も得て，試行錯誤で自作のカリキュラムを作成しなくてはならない。その際大切なのは，流動的に考えるということである。失敗に学びながら，一歩一歩，オリジナリティのある，より良いカリキュラムの作成を目指せばよいわけである。

　カリキュラム作りの主役は，教師と子どもたちであり，実は，とても自由で楽しい作業であるべきである。

2 言語習得理論と小学校英語教育

1 言語と思考

　言語が異なると，思考のスタイルも異なるという考え方は，言語決定論（linguistic determinism）として知られている。2つの言語を話すということは，思考の方法も2つ持っているとする考え方である。今日の言語学者や心理学者の多くは，1950年代にサピアとウォーフ（Sapir & Whorf）がとなえた言語決定論に全面的に賛成する者は少ないが，言語と思考のパターンには関係があることは認めている。アービン＝トリップ（Ervin-Tripp, 1967）の実験でも，使用言語により，考え方も違うということが明らかにされ，また，ランドリー（Landry, 1973）も小学校で外国語教育を受けている児童は，受けていない児童よりも多岐的思考において優れているという報告をしている。

　中島（1998）も，次のように述べている。

　　1つのことばしか知らない人間は，1つの文化の衣しかもっていないため，ことばと文化の関係についても絶対的なものと思いがちである。しかし，バイリンガルにとっては，ことばと文化は相対的なものであって，それぞれのことばによって違う約束があり，同じ気持ちや考えを表わすにも表わし方が違うと

いう見方をするようになる。

2つの言語ができるということは、視野が広がり、思考も柔軟になると言える。

2 バイリンガル

バイリンガリズムを最も狭義にとらえると、ブルームフィールド (Bloomfield, 1933) のいうように2つの言語を母語のように操ること (native-like control of two languages) ということになり、また最も広義にとらえるとディーボルド (Diebold, 1964) の「初期バイリンガリズム」(incipient bilingualism)、すなわち第二言語でいくつかの語句だけ言えること、ということになる。今日一般的に支持されている定義は、例えばグロスジーン (Grosjean, 1982) のいう、日常的な場面のどこか1つの場面で第二言語で目的が達成できること、といったものである。そしてバイリンガリズムは、ある一定の到達点を指すような静的なものではなく、変化する動的なものである。

バイリンガルには、二言語分離説 (separate underlying proficiency) と二言語共有説 (common underlying proficiency) がある。前者は、2つの言語能力は分かれて存在するという考え方で、第一言語が強くなると第二言語が弱くなり、第二言語が強くなると第一言語が弱くなるというもので、どちらの言語能力も、モノリンガルより劣るということになる。これに対して後者は、2つの言語は1つの共有基底能力を有し、その2つの言語は共に発達するという考え方である。現在は、後者の二言語共有説が支持されている。

ランバート (Lambert, 1972) は、カナダのモントリオールの

フランス語によるイマージョン（immersion）教育では，第二言語であるフランス語から第一言語の英語への読解力の転移（transfer）が見られたと報告している。この他にもマクラーリン（McLaughlin, 1986）やクラッシェン（Krashen, 1996）も読解力や作文力が言語間で転移するリタラシー・トランスァー（literacy transfer）がおこるという研究報告をしている。アメリカで英語を母語としていないマイノリィティの子どもたちが英語を学習する際，英語だけではなく子どもたちの母語も使って，英語の習得を目指すバイリンガル教育（bilingual education）の理論的な根拠は，このリタラシー・トランスァーにあると言える。

日本の小学校への英語教育導入に反対の立場の人は，母語である日本語をまだ十分に習得できていない時期から，外国語に接触させるべきではないと主張する。確かにアメリカに来た移民の子どもの中には，母語がまだ確立していない段階で英語学習を強要されたために，サブマージョン（submersion），すなわち母語も英語も中途半端になってしまったという例はある。しかし，これはアメリカに住み，英語に囲まれて生活している子どもの場合である。日本の小学校で，わずかな時間英語を学習したからといって，サブマージョンになるとは考えられない。

第一言語から第二言語へのリタラシー・トランスファーは実際に起こるわけであるから，小学校英語教育導入慎重派の言う，まず母語である日本語の習得ということは，いずれ英語を読んだり書いたりする学習を行う段階に来たときに，大いに役立つわけである。特に読むという作業は言語間で似たようなシステムで行われ，第一言語の読む力が第二言語の読む力と相関関係にある。これは英語とドイツ語といった似た言語間のみならず，さまざまな言語間でも言えることがマクラーリン（McLaughlin, 1986）によって検証されている。すなわち日本人の場合，母語である日本

語の読む力をみれば英語の読む力がどれくらい伸びるかがわかるというものである。英語教育導入慎重派の主張とは別の意味で，日本語学習はとても大切なものである。

3 認知的要求度

ギボンス（Gibbons, 1993）は言語を「遊び場の言語」（playground language）と「教室の言語」（classroom language）の2つのタイプに分けている。日常会話は前者で，思考をする際に使う言語は後者である。カミンズ（Cummins, 1996）は，コンテキスト，すなわち言語外文脈の量と認知的な要求度によって，言語を分けている。挨拶をしたり，買い物をしたり，レストランで食事をしたりする会話は，認知的な要求度が低く，さらに「コンテキストの支えがある」（context embodied）度合いが多い最も単純なタイプに属する言語で，「伝達言語能力」（BICS：basic interpersonal communicative skills）と呼ばれているものである。これに対して，エッセイを書く，あるいは高度な内容について論議するなどは，認知的な要求度が高く，「コンテキストの支えがない」（context reduced），最も高度なタイプの言語で，「学力言語能力」（CALP：cognitive/academic language proficiency）と呼ばれているものである。

小学校で学ぶ英会話は当然のことながらBICSであるが，これをどうにか認知的な要求度を高め，さらにコンテキストが少ないものにした言語まで，何らかの形で高めていく必要がある。

具体的な方法としては，人に何かを説明するときに，重要な例から重要でない例の順に話すとか，親しみのある例からそうでない例の順に話す，などがあろう。また，話す内容を，日本語の論理構成のように起承転結にするのではなく，まずはじめに主題文，

すなわちトピック・センテンスからはじめる。それに続く文は，この主題文をサポートする文にするということを教えるのもよい。英語の for example を使うときは，この語以前の内容が general idea で，この語以降は specific idea であるという意識で使うべきであるとか，why-because のパターンで思考する，などを教えるのもよいであろう。とにかく，CALP の要素を入れるよう常に心がけなくてはいけない。

4 言語習得と年齢

子どもが第一言語を習得するのには，いくつかの共通な特徴がある。1番目として，習得の速さをあげることができる。フライ（Fry, 1977）によると，第一言語のほとんどの構造は生後5年以内に習得される。またフレッチャーとガーマン（Fletcher & Garman, 1986）によると，その習得には規則的な発達段階がある。この発達段階は個人差はあるが，発達の順序は同じである。そして，言語知識は，そのタイプにより，それぞれ特定の発達段階にあらわれるのである。子どもは，訂正，報酬，強化等を受けなくても第一言語を習得する。サックス他（Sachs *et al.*, 1981）は，インプットが限られた子どもの場合でも，通常の言語知識レベルまでは発達するとしている。

第二言語習得は，第一言語の習得と共通する多くの特徴を持っている。たとえばデュレー，バートとクラッシェン（Dulay, Burt & Krashen, 1982）やラーセン＝フリーマンとロング（Larsen-Freeman & Long, 1991）は，第二言語学習者が，第一言語学習者と同じ発達段階を経て言語を習得することを証明している。そして，エリス（Ellis, 1990）は，学習の順序は，訂正，報酬，強化といった指導の影響を受けないとしている。さらに第

二言語学習者が習得する知識は第一言語学習者と同様に，インプットされる以上のものである。しかし，第二言語の習得には臨界期があり，母語話者のようになることはほとんどない。

臨界期 (critical period) とは，レネバーグ (Lenneberg, 1967) が使いはじめた用語で，簡単に言うと，言語習得には適切な年齢があり，これを逃すとスムーズな言語習得はむずかしくなるというものである。臨界期は研究によりまちまちであり，おおよそ5歳から10代の初めまでとされている。

発音習得は，6歳までにしないとむずかしいとする説が有力である。右脳が活発な6歳頃までに発音を習得するのが望ましいというわけである。臨界期は確かにあるようだが，第二言語習得研究は，臨界期仮説に示された境界線よりも，実際は年齢による効果という問題を多く扱っている。

年齢と第二言語習得との関係についての実証研究で明らかになったことがいくつかある。その第1は，思春期から若い成人までの第二言語習得者は，年少の子どもに比べ，学習進度が速いということである。エルビン＝トリップ (Ervin-Tripp, 1974) はスイスのフランス語を習得しようとしている英語話者を，スウェイン (Swain, 1981) はカナダのフランス語イマージョンの英語話者を対象に調査し，年長の第二言語学習者のほうが，年少の学習者よりも初期は言語を速く学ぶという報告をしている。

2番目に明らかにされたのは，子どものほうが，思春期から成人までの者より，最終的には第二言語習得に成功するということである。ジョンソンとニューポート (Johnson & Newport, 1989, 1991) は，アメリカに5年間以上生活している中国語もしくはハングル語を母語とする英語学習者を対象に，英語の到達度の調査をした。その結果，7歳以前にアメリカに住みはじめた者は，文法性判断力は，母語話者とかわらなかったが，7歳以降に

住みはじめた者は年齢が上がるにつれ，母語話者とはかなりの相違を示した。パットコゥスキー（Patkowski, 1980）の調査でも，子どもの第二言語学習者のほうが，年長者よりも最終的には成功することを示している。

3番目に明らかにされたのは，第二言語発達は，学習者が子どもでも成人でも同じように起こるということである。このことは英語学習者を対象としたベイリー，マデンとクラッシェン（Bailey, Madden & Krashen, 1974）の研究やドイツ語学習者を対象にしたメイセル，クラセンとパイネマン（Meisel, Clahsen & Pienemann, 1981）などの研究の結果から明らかである。

第二言語学習の初期において，たとえ成人のほうが子どもより学習進度が速いことがあるにせよ，どうみても子どものほうが成人より言語学習能力は優れていると一般には考えられている。その理由として次のことが言える。

(1) 成人には自尊心が脅かされたり，対人距離を感じたりする情意的な要因がある。

(2) 高度な思考過程が発達しているため，言語学習能力が抑制されてしまっている。

(3) 年齢が上がることに伴う脳の状態の変化により，言語学習能力の低下を引き起こす。

この3つの理由は誰もが確認しているところであり，それぞれのことを裏づける研究報告も数多く出ている。

年齢による学習差については，さまざまな研究結果があり，対立しているものも少なくない。ロング（Long, 1993）は，研究をより厳密なものにして矛盾が排除できたなら，言語習得に関しては6歳までが適しており，それ以降は，すべての言語能力が徐々に減少していくことが明らかになるであろうと述べている。

5 モニター・モデル

　言語習得といった場合，まず語学教師の頭に浮かぶのはクラッシェン (Krashen, 1979, 1981, 1982, 1985) のモニター・モデル (monitor model) である。その概念は，学習理論 (that acquisition and learning are separate processes) と産出理論 (that learnt knowledge acts only as a control on language originating from acquired knowledge) の融合である。

　この理論は一連の仮説から成り立っており，最も注目すべきは習得・学習仮説 (acquisition learning hypothesis) である。日常生活の中で，言語形式を意識せずに理解するのが言語習得 (language acquisition) であり，これに対して文法や語彙などを意識的に学ぶのが言語学習 (language learning) である。この区別では，あくまでも言語を意識的に学んだのか無意識的に学んだのかがポイントであり，どこで学んだかは問わない。言語習得の最低条件は，自然にコミュニケーションが行われる状況にいることである。これに対して，言語学習は意識して理解する過程であり，クラッシェン (Krashen, 1982) は，フィードバックがあること，及び個別規則を1つずつ学習する，という2つの特徴をあげている。

　小学校の教室であっても，英語をさまざまな活動をとおして無意識的に身につけることができれば，これは立派な言語習得と言える。学習者が楽しく意味のあるコミュニケーション活動をしながら，無意識のうちに英語力をつけるようにしたい。

　2つ目の仮説はモニター仮説 (monitor hypothesis) と呼ばれるものである。モニターとは，学習言語を正確に理解，産出するための規則を適用する脳の装置のことである。モニター装置は，話し手の誤りを察知し，誤りが産出される前に誤りに気づかせる

働きをする。

　文法中心に英語を学んだりした場合，自分が話す英語は学んだ文法規則に従ったものであるかどうかをモニターしようとする機能が働いてしまい，流暢さなどが失われてしまうこともある。小学校での英語教育の段階では，文法を中心とした指導は行わないので，心配はないところであろう。

　3つ目の仮説は自然な順序仮説（natural order hypothesis）である。これは言語習得には自然の順序がある，すなわち，ほぼ同じ順序で言語構造は習得される，というものである。進行形，複数形，be動詞などが最も早く，不規則変化動詞や所有形などが最も遅いとされている。小学校の教室でも，この自然の順序は配慮すべきである。

　4つ目はインプット仮説（input hypothesis）である。これは，言語習得にとって最も重要なのは学習者の学んでいる言語への接触，すなわちインプットであるとするもので，学習者がどの程度言語を習得するかを決定する要因は，学習者が受けるインプットの量にあるとしている。そして，インプットは，学習者が十分理解できるレベル（ⅰ）と，それより少し高いレベル（ⅰ＋1）から成り立っている。ピアジェ（Piaget）の認知理論と同様，クラッシェンも学習者は常に少し上のレベルに挑戦しているが，難しすぎて挫折を味わうほどではいけないとしている。

　インプット仮説によると，教室内の使用言語はすべて学習言語で行うべきであるということになる。ただし，学習者はすべてのことを学習言語で完全に理解する必要はなく，身振りや絵，その他の工夫によって必要な範囲内の理解がなされていればよいわけである。インプット仮説は，リスニング能力の重要性と，初心者のリスニングの機会を多くすることにより得られる利益を強調している。学習者には即座に模倣したり，答えなければならないと

いったプレッシャーはなく，リスニングに集中することができるわけである。この仮説は正しいと考えられるが，日本の小学校でのきわめて限られた英語学習の時間内に，インプットだけをしているわけにはいかない。アウトプットも同時に行わざるをえない。スウェイン（Swain, 1985）は，クラッシェンの仮説を一歩進めて，アウトプットの機会を持たせることによって言語習得が有効になるとしている。教師と学習者との相互作用による意味のやりとりがより効果的に行われるように，学習者に "I don't understand." "Could you please repeat that?" "Did you mean that . . . ?" "Could you please speak more slowly?" などの表現を与えておくことも大切となる。

5つ目の仮説は情意フィルター仮説（affective filter hypothesis）である。学ぶことが苦痛な状況では学習意欲は削がれるが，興味があり学習が楽しい状況では学習意欲は高まり，簡単に学ぶことができることは周知の事実である。いくら周到にインプットが準備されていたとしても，否定的な状況ではインプットを拒絶するフィルターが脳の中に築かれてしまう。不安や自信喪失，動機づけの欠如によってフィルターは厚くなり，インプットも悪くなる。成人学習者の場合，外国語を話さなくてはならないというプレッシャーや不安でフィルターが厚くなることが考えられるが，子どもの場合は，さほど問題はない。ただ，小学校も高学年になるにつれ，このフィルターが厚くなることが考えられるので，その面での授業の工夫が低学年に比べ必要となろう。

6　モニター・モデルへの批判

1980年代のクラッシェンの理論はさまざまな批判をあび，クラッシェン・バッシング（Krashen-bashing）と呼ばれるまでに

なった。その1つは，言語習得と言語学習とは区別できないのではないかというものである。学習によって得た知識が，習得された知識と同じように無意識に使えるまでのレベルに達することも十分に考えられる。また，習得は無意識的な面が強く，学習は意識的な面が強いため，習得・学習仮説を実験的にわかりやすく試すことが不可能である。さらにラーセン＝フリーマン (Larsen-Freeman, 1983) が述べているとおり，クラッシェンは習得と学習の基礎となる認知的な情報処理については明確にしていないのである。

モニター仮説に対する批判も多い。モリソンとロー (Morrison & Low, 1983) は，言語コミュニケーションにおいて，使用する用法が正しいかどうかということを意識させる潜在的な能力を人間は持っているのであろうかという疑問をなげかけている。また，言語学習における個人差について，クラッシェンの理論で説明できるのかという疑問もある。

このように激しい批判があるにもかかわらず，この理論は語学教師には支持され続け，非常に人気が高い。

7　モニター・モデルの教室への応用

クラッシェン (Krashen, 1982) 及びクラッシェンとテレル (Krashen & Terrell, 1983) は，モニター・モデルを次のように教室での言語学習に応用している。

まず第1に，学習者が理解可能なインプットを与えることである。つまり良い教師なら，学習者にわかりやすいレベルで学習言語を話すということになる。第2に，教室内であっても，学習者を生活のコミュニケーション場面に取り入れ，会話能力をつけさせることである。この会話能力には，意味がわからない時などに

母語話者に意味を説明してもらう,といったストラテジーも含まれると考えられる。第3に,学習者の言語学習に対する不安を少なくし,好意的な態度を身につけさせることである。そうすれば,教室でのインプットも効果的にできる。第4に,文法形式の指導は言語習得ではなく言語学習に寄与することから,なるべく限られた範囲内にとどめるようにする,ということである。あくまで言語習得に近い言語学習を心がける必要がある。第5に,学習の目標が形式面であるとき以外は,誤りの訂正はなるべくひかえるということである。訂正は不安や抑制という面でマイナスになりかねない。

　日本の小学校での英語教育は,言語学習であっても,なるべく言語習得へとつながる方法で行い,自然な言語の使用場面に配慮し,文法を中心に学ぶことはしない。誤りを訂正する際は十分に注意をはらい,児童が不安な気持ちになることは極力避け,常に学習に好意的な態度を持てるようにすることが重要となる。

8　言語獲得装置

　幼児の言語習得は,親などの周囲の大人の話す言葉を聞くことによって行われると考えられている。

　アメリカで英語を母語とする親のもとで育つ幼児が,ある時期に動詞の過去型として catched, singed 等,間違った過去形を使うことがわかっている。親は当然正しい過去形である caught や sang を使っているはずである。幼児がこのように不規則変化動詞を間違えるのは,動詞を過去形にするには -ed をつければよいという規則を数多くの英語を聞くことによって無意識的に身につけたからに他ならない。このように考えると,人間は,生まれながらにして言語を習得する能力を持っていると考えるのが正しく,

チョムスキー（Noam Chomsky）は，この能力を言語獲得装置（language acquisition device）と名づけた。小学校での英語学習でも，この言語獲得装置を大いに活用すべきである。

動詞は数多くの規則変化動詞を聞かせ，不規則変化動詞は最小限にとどめ，どんどんと新しい動詞に応用していけるようにする。また，否定型でも，don't の形をいきなり導入するのではなく，まず no をつけることからはじめたらどうであろうか。アメリカで育つ子どもの言語習得段階で，"I don't want it." ではなく，"No I want it." といった誤った英語を使うケースがみられることが知られている。すなわち，幼児にとって don't という語は，とても習得が難しい言葉なのである。

日本人の幼児で，東京の山手線の近くで育った子どもが，つぎのような言語習得の段階を経たことが知られている。はじめは「電車」と言えずに「しゃー」と緑色の山手線の電車のことを呼んでいるが，やがて，オレンジ色の中央線も「しゃー」となり，そしてさらに都バスや自動車等，動く乗物がすべて「しゃー」になっていく。やがて，幼児は，規則を拡張しすぎたことに気づき，本来の電車だけを「しゃー」と呼ぶようになったのである。

また幼児は，はじめは「が」という格助詞が使えない。したがって「蚊，いた」という表現になる場合が多い。しかし，そのうちに「蚊がいた」と一見正しい日本語を言ったりする場合がある。そして，やがてそれは「蚊ががいた」という再び誤った表現となるのである。すなわち「蚊」のことを「蚊が」と考えているから格助詞なしで，たまたま正しい表現が言えたのであるが，格助詞「が」をつけなくてはいけないことがわかる段階になると，「蚊が」にさらにもう1つ格助詞をつけてしまうわけである。

子どもはモデルの模倣を通してのみ言語を習得するのではない。人間に備わった言語獲得装置は，規則を作り出し，応用を利かせ

ているのだ。だからこそ，実際に一度も聞いたことのない表現も言えるようになっていくわけである。幼児の言語習得は，大量の言葉を周囲の大人から聞き，その応用できる規則を徐々に作り出していくのであるが，小学校の教室で，それもきわめて限られた時間の中で英語を学ぶ場合は，英語圏で育つ幼児とは比べものにならないほど，英語に接する時間が少ないのである。第一言語である日本語を習得したときのようにはとてもいかない。第二言語習得の特徴をとらえての指導が必要となる。

9 言語の忘却

　言語習得についての研究はきわめて多くあるのに対して，言語忘却の研究は，まだ始まったばかりであると言える。実際に言語後退（language regression）や言語漸減（language attrition）といった用語を目にするようになったのは，つい最近のことである。

　言語の忘却に関して臨界閾仮説（critical threshold hypothesis）という仮説がある。これは，一定のレベル以上の言語能力を身につけると簡単には忘れないというものである。すなわち，言語の忘却を防ぐ最も良い方法は，読む力と書く力を中心とした言語能力を一定以上の熟達したレベルまで高めることと言える。また言語の忘却は，言語習得とは反対の順で起きる，すなわち，表出能力のほうが理解能力よりも早く失われると言われている。

　トミヤマ（Tomiyama, 1999）は，アメリカからの帰国生を対象にした言語忘却に関する調査から，単語や流暢さのような表層的な分野は衰えるのが早いが，文法的知識のような深層的な分野は衰えが遅いという結果を得ている。日本語を外国語として学んだ外国人を対象にした調査でも，日本語の読む力と書く力があれ

ばあるほど,忘れるのが遅いという結果が出ている。簡単な日常的な英会話を学習したところで,それは,実は,最も忘れやすいものなのである。日常会話を通してであっても,文の構造や文法的な知識なども学べるようにしておきたい。小学校の英語教育では,文字の導入は原則としてしないという立場をとるが,実は読み書きの力をつけさせることが言語忘却のスピードを遅くさせることである以上,何らかの形で,無理のない方法で文字の導入は考えたほうがよいのではないかと言える。

さらに,ヨシトミ(Yoshitomi, 1999)は,話す力,聞く力,読む力,書く力といった個々の能力を別々に伸ばす練習よりも,個々の能力を総合的に使う練習をしたほうが効果的であるという研究結果を発表している。忘却を遅くするためにも,そして効果的に英語能力をつけさせるためにも,英語の4技能を総動員させ,単なる日常会話以上の言語能力を身につけさせる指導がよいということである。

3 コミュニケーション能力と小学校英語

1 なぜ英語が聞き取れないのか

　日本人は，自然の速さの英語を聞き取るのがとても苦手である。学校では何年間もまじめに英語を勉強してきたにもかかわらず，なぜ英語が聞き取れないのであろうか。理由は2つ考えられる。その1つは，英語と日本語とでは，リズムが違うということである。もう1つは，自然の速さの英語には音声変化が常におきているが，それについていけないということである。まず英語のリズムについて考えてみることにしよう。

　日本語は，1つ1つの音節が同じようなリズムで発音されるが，これに対して英語は強勢のリズムで発音される。しかも英語は，この強勢が等しい間隔でおこるという特徴を持っている。これが英語特有のリズムを作り出すのである。

　自然の速さの英語が聞き取れないもう1つの理由である，音声変化についてみてみよう。

　自然の速さの英語では，たとえば後に続く音の影響を受けて前の音が発音されなくなるということが常におこる。具体的には，"next day" の next の t の音が，後ろの day の d の音の影響で発音されなくなってしまうといったことだ。"bread and butter" を自然な速さの英語で言うと，and は「エンドゥ」ではなく，単に

「ン」と弱く発音される。"I know them." という文の them も，自然な速さでは「ゼム」と発音されるのではなく，「エム」と聞こえる発音である。

はっきりと，ゆっくり発音された英語をいくらたくさん聞いたとしても，いつまでたっても自然な速さの英語は聞き取れるようにはならない。英語のリズムと音声変化についての知識を持ち，なるべく多くの，自然な速さの英語を，日本語に訳して意味を解釈することなく，英語のまま理解する訓練を積むことによってのみ，英語の聞き取り能力はついていくものである。日本の英語教育では，このような練習の時間があきらかに不足しているのである。

2 失敗しない話し方

英語圏の総合大学には付属の語学学校がある。この語学学校で多くの日本人が学んでいる。夏だけ短期間勉強しに来ている人から，学部や大学院に入るための準備のために学んでいる人まで，そのレベルや目的はさまざまである。外国までわざわざお金と時間をかけて勉強しに来ているのに，英語で上手にコミュニケーションがとれるようになる人は少ない。

教室では誤りをおそれるあまり，ヨーロッパやラテン系の国々から来た人に比べると，発言ははるかに少ない。よく言われることであるが，日本人は引っ込み思案で，積極性がないので，語学を学ぶには不向きであると思われている。確かに遠慮がちなのは日本人の一般的な特徴かもしれないが，それは逆に言えば，日本人らしさなのである。日本人らしさは，そうたやすく変えられるものではないし，英語を学ぶためだけに変える必要もないという考え方の人もいるだろう。

日本人は，英語を母語としない他の国の人々と比べて，語彙力や文法の力が劣っているわけではない。では，どうして上手に英語を使ってコミュニケーションができないのであろうか。その原因の1つに，よい人間関係を促進するような言葉の使い方に不慣れであるということをあげることができる。

　何かを頼まれて，それを断わる時に，日本人はあまり具体的に断わる理由を相手に言わない。これは相手を傷つけたくないという配慮からきていることが多い。これに対して欧米人は，多くの具体例を出して断わることが多い。英語圏では，あまりはっきりしない理由で断わっても相手は納得せず，逆に，不誠実な人と思われてしまうのである。

　アメリカ人の場合，断わる理由を具体的に述べる前に，相手の頼みは本当は断わらずにやりたいのであるという言葉をつけることが多い。I wish I could 〜（〜ができたらよいのだが）という表現がその代表だ。日本人の場合は，このようなことは言わずに，「申しわけないのですが，ちょっと今回は〜」というように，いきなり頼みを聞き入れられないことに対する謝りの表現を言うことが多い。

　日本人はまた，あまり大げさにほめたりすることは控えることが多いが，欧米人，とりわけアメリカ人などはそうではない。知人の家に初めて招待されて，夕食をごちそうになる場合は，You have a wonderful house. と言って，まず家をほめる。そして，You are an outstanding cook. （素晴らしく料理が上手な方ですね）と言って，料理の腕前をほめる。いずれの表現も，日本語では度を越していると感じられるが，アメリカなどではだれもが使っている表現である。言葉に表わして言うことをあまり重要視しない日本と違い，とにかく感じたことをそのまま表現することに重きをおいているのである。アメリカ人は，とにかく言葉に表現する

ことによって，いかに自分が楽しいか，満足しているかを表わすのである。アメリカの家庭にホームステイしている日本人が，食事の時に何も言わずにただ食べている姿を見ることがあるが，これは，ホストファミリーに対してはとても失礼なことであると心得るべきである。

日本人は，話し相手をファースト・ネームで呼ぶことも苦手のようだ。相手が年配者だったり上司であれば，ますますその傾向は強くなる。また，知り合ったばかりの相手をファースト・ネームで呼ぶのも抵抗があるようだ。しかし，お互いが平等であることが当然だと考える欧米の社会では，これはごくあたりまえのことなのである。私がアメリカの大学院博士課程に在学していた時，私の指導教授に対して私はファースト・ネームで呼んでいた。学問の上では，大学院生と対等な立場で議論をかわすという姿勢が指導教授にあったからである。日本の大学でよくみかけるような権威主義的なところは，私の場合，アメリカの大学ではほとんど感じたことがない。ただ，アメリカの大学の教授は権威はふりかざさないが，指導となるとものすごく厳しい人が多く，猛勉強しないととてもついていけないということは，つけ加えておきたい。

3 日本語と英語の発想法の違い

先にも述べたとおり，アメリカ人などはオーバーなくらいよく人のことをほめる。新しいシャツを着ていればそのシャツをほめてくれるし，髪形を変えればほめてくれる。腕時計1つにしてもほめてくれる。子どもを連れて歩いていると，子どものことをほめてくれる人も多い。ほめられるとだれもいやな気分にはならないが，日本語と英語では，ほめられた場合の応答の仕方・発想が違うので注意が必要だ。

フロリダのオーランドにあるディズニーワールドで，孫を連れた老夫婦に「すてきなお孫さんですね」とほめたところ，返ってきた言葉が "Thank you, we think so, too."（ありがとう。私たちもそう思います）であった。息子をほめたところ，父親から "Thank you, he's a good son and I'm proud of him."（ありがとう。彼は良い息子で，私は誇りに思っています）という応答が返ってきたこともある。

　日本人は，着ているセーターを "It's a nice sweate you're wearing, Mr. ～."（すてきなセーターをおめしですね，～さん）とほめられたら，遠慮や謙そんから「とんでもございません」と応じることが多いが，英語を母語とする人は，このような場合，一般的に "Thank you. I'm fond of it myself."（ありがとうございます。私もこれが気に入っているんです）と応えるであろう。これは，ほめ言葉をそのまま受け取るのは厚かましいと考える日本人と違い，英語国民はほめてくれた言葉に感謝し，そのまま受け取るからだ。私はアメリカ人の家庭に招かれて，デザートに出てきたアップルパイを "This apple pie is really good. You have to tell me the recipe."（このアップルパイは，本当においしいです。作り方を教えて下さい）と言ってほめたところ，その家の奥さんからは "Oh, thank you. I'm glad you like it."（いや，ありがとうございます。気に入っていただいてうれしいです）という応えが返ってきた。そして，私の予想していたとおり，そのアップルパイのレシピを帰る時に渡されたのだ。

　ほめられたときの日本語と英語の応答の違いは，発想法の違いと同時に，日本語と英語のほめ言葉の役割の違いからも説明できる。英語のほめ言葉には，相手をほめて喜ばす以外に，相手との心理的距離を近づけるという役割があるのだ。だから，着ているセーターをほめられた時に，日本的な発想で謙そんして "Oh, no!

This is just a cheap one."(いやとんでもございません。安物なんですよ)と応えてしまうと,相手との心理的距離を近づけるどころか,逆に遠ざけてしまうことになるのだ。

"Oh, no! This is just a cheap one." という英語は,文法的には何ら間違いのない,正しい英語である。しかし,いくら正しい英語であっても,使う状況を間違えると誤解を生んでしまうのである。コミュニケーション能力というのは,単に単語力や文法力があるだけでは不十分なのである。相手との関係の中で,適切な英語を使うことができる力も含まれているのである。

海外から帰国した日本人を空港で出迎える時などは,日本語では「お疲れさまでした」と言うことが多いであろう。これは,長時間飛行機に乗って,さぞ疲れていることであろうと,相手をいたわる気持ちから出る言葉であるが,英語を母語とする人は,このような状況で「お疲れさまでした」という挨拶はまずしない。個人主義の国では自己主張も激しいが,それと同時に自己擁護もしっかりとするのだ。自分の弱点を相手に見せるようなことはしない。"You must be tired."(お疲れさまでした)と言われたら,相手は,自分は体が弱くて,わずか10数時間の飛行機の旅で疲れ果てたと思われてしまったと考え,逆に不快に感じるかもしれない。いたわりの気持ちで言った言葉が,逆にとても失礼になってしまうわけである。私が客員教授をしているアメリカの大学の副学長が日本を訪れた際,私は "Did you have a good flight?"(飛行機の旅はよかったですか)と言って出迎えた。返ってきたことばは,"Not bad."(まあまあだね)であった。また,彼が帰国する際も,日本流のいたわりの気持ちからくる「どうぞお気をつけてお帰り下さい」という表現はとらず,"I hope you'll enjoy your flight."(楽しい空の旅でありますことを祈ります)と言った。アメリカ人に対する表現としては適切であったと考えている。

異文化理解教育も、このあたりのことまで生徒に教えたいところである。正しい英語であっても TPO を考え、その表現の背景にある外国の人々の文化・発想法を理解しなければ、生きたコミュニケーションのための英語力とはならないのである。小学校の「総合的な学習の時間」で国際理解を目指すなら、是非とも心しておきたい点である。

4　英語の丁寧表現

　ある程度英語を話せる日本人の中には、文法的には正しい英語だが、かなりぶっきらぼうな表現を使っている人をみかけることがある。具体的には "That's not a good idea."（それはよくない）とか "You are wrong."（あなたは間違っている）といった、かなり強い響きのある表現を平気で使っているのだ。このような表現はけんかや討論をしている時などには使うが、それ以外の場合は相手を不愉快にしてしまうことだろう。生徒や学生同士であれば、もしかすると許されるかもしれないが、社会に出て、たとえばビジネスの場でこのような表現を使ってしまうと、成立するはずの商談もだめになり、会社に多額の損失をまねきかねない。

　英語にも、日本語の敬語にあたる表現はあるのだ。その敬意を表わす表現を知らないと、相手を不愉快にさせたり傷つけたりしてしまうのである。先にあげた例でみると、"That's not a good idea." と断言されるよりは、"It seems to me that it's not a good idea."（それはあまりよくないと私は思うのですが）と言われた方が、ずっと相手を思いやる丁寧な表現になる。

　アメリカで一流のデパートに行くと、日本と同様アメリカの店員も、客に対してとても丁寧な表現を使う。何かひとつ買い物をした後、ほかにも買うものはないかと聞く時などには、"Do you want anything else?" といった失礼な表現はまずしない。最低でも "Would you like anything else?" と聞いてくる。さらに丁寧に "Is there anything else, ma'am?" と言うこともあるだろう。そして最高に丁寧に言うなら，"Will there be anything else, ma'am?" となるだろう。

このように，日本語で言う「何か他にご入用のものはございますか」には，英語では，さまざまな丁寧な表現があるのである。

敬語表現や丁寧表現が日本だけのものである，という思い込みを子どもに植えつけてしまわないような指導が必要であり，そのことが異文化を理解することにつながっていくわけである。

5 英語の論理

私がまだ十代で，日本に帰国して間もないころの出来事である。当時の私の日本語は，お世辞にも上手だとは言えないものであった。日本語を聞いたり話したりすることは，どうにかできたが，読んだり書いたりするのはまるでだめであった。必死の思いでひらがなを全部覚えて，担任でもあった国語の先生の所へ日本語の作文の書き方を教わりに行ったことがあった。すると，その国語の先生は，私に向かって，感じたままを文章に表現すればよいと言ったのだ。私は大変とまどった。なぜなら，私はアメリカの学校で，文章は感じたままに書いてはいけない，と教わっていたからである。常に読者のことを考えながら，論理的にわかりやすく書く訓練をいつもしていたのだ。

英語では，日本語の「起承転結」に従った書き方は，まずしない。パラグラフの最初の文は主題文であることが多いのである。すなわち，結論が一番先に来て，それに続く文は主題文を補って説明を加える文となる。たとえば，マクドナルドのレストランが

世界中で人気があるという内容の文章を書く場合,まず初めに,

> The popularity of McDonald's Restaurants is international for several good reasons.(マクドナルドのレストランが世界中で人気があるのには,いくつかのはっきりした理由がある)

といった具合に,主題になる文をまずはじめにもってくる。この主題文につづく文は,その理由を大切な順から1つ1つ述べていくというやり方なのである。

この英語の論理は,何も文章を書く場合に限ったものではない。英語を人前で話して,相手を説得する時などにも同じように使われる。ディベートは,アメリカではよく行われるが,その場合などはまさしくこの英語の論理に基づいていると言える。

小学生の頃はアメリカの学校で,私はよく「ショー・アンド・テル」という活動をやった覚えがある。生徒がクラスの前で,自分の好きな物を見せて,なぜそれを自分が気に入っているのかの理由を,理路整然と説明するのである。この時は,皆,とても論理的である。なぜ気に入っているかの理由も,重要なものから,親しみのもてるものから,といった具合に論理に基づいた順で話していくのだ。

アメリカ人などは,小学生の頃から論理的な思考力をつける訓練を受けているので,討論の場などでは相手を論破するように話をするのが上手である。日本人がこのような力を身につけるには,まず日本語で,国際的に通用している英語の論理を用いて,相手を説得する方法を学ばなければならない。英語を教える際には,おりにふれて,英語の論理についての知識を与えるべきであろう。

日本語の論理がいけないわけではない。日本人にとっては当然,日本語の論理は大切であり,これからも日本人として大切にしていくべきである。ただし,異文化をもつ人を相手に,国際共通語

としての英語を使ってコミュニケーションをしようとするなら，英語の論理を知っていないと誤解を受け，そのことで損をすることも多い，ということである。

英語の論理で書いたり話したりできるような能力は，英語のコミュニケーション能力を考えた場合，文法能力とならんで非常に大切な能力の1つなのである。

小学校における「総合的な学習の時間」は，まさにこのような能力を身につける場であると言えるだろう。日本人の「日本語の論理」の他に，異文化の世界にはそれぞれ固有の論理があり，そこには優劣ではなく，「違い」があるのだ，ということを子どもたちに知らせるような授業を展開すべきであろう。

6 日本人の英語

日本の英語学習者の中には，上手な英語というのは，きれいな発音で，ネイティブ・スピーカーのようにペラペラと話す英語だ，と考えている人がいるようだ。私は，このような英語は，日本で生まれ育った日本人が目標にして学習すべき英語ではない，と考えている。

私の父は，アメリカの大学で長い間教えた経験を持つが，子どもの頃アメリカで育った私や妹とは違い，初めてアメリカへ行ったのは大人になってからである。したがって，発音にはかなりの日本語訛りがあり，ネイティブの英語からはほど遠い。しかし，アメリカ人の学生を相手に英語で講義し，討論し，学会では英語で発表しており，英語の実力は抜群である。私はアメリカの大学での講義や講演，学会発表や研究調査のため，日米間を1年に4～5回往復する生活を送っているので，全米各地の大学で教えている日本人教授達と知り合うことも多い。彼らに共通して言える

のは，やはり父と同様，英語の実力はあるがこと発音に関しては，お世辞にもネイティブ並みだなどとは言いがたい，ということである。ｌとｒの発音がしっかりと区別して言える日本人教授に，私はいまだかつて出会ったことがないのだ。

しかし，彼らの話す英語には，明らかに１つの特徴がある。それは，英語特有の強勢のリズムを持っているということだ。もし彼らが，日本語のリズムで英語を話していたら，おそらく理解されないであろう。そもそも，話し言葉には前後関係があるので，ｌとｒの発音がうまくできなくても前後の意味からどちらを言わんとしているか，などは判断できるのである。大切なのは，英語のリズムで話しているかどうかである。

アメリカに本部を置くTESOLという世界最大の英語教育学会には，「標準英語」などというものは，世界中で話されているさまざまな英語の１つにすぎないという考え方がある。もはや，これがアメリカ英語，これがイギリス英語などと言っている時代ではないのである。日本語訛りの発音で話される英語も，英語のリズムで話されているならば，それは立派に世界に通用する日本英語である。もちろん，話す内容が問われるのは言うまでもないことである。

なにからなにまでネイティブ並みに英語を使わなければ，などということは考えずに，世界に向けて堂々と発信できる内容を持つ英語の教育が望まれる時代が来ているのだ。小学校の英語活動では，このような点にも十分配慮していきたいものである。

4 異文化理解と小学校英語

1 異文化理解の難しさ

1-1 異文化理解のための基本姿勢

　異文化を理解するためには，まず文化相対主義の立場に立たなくてはいけない。文化相対主義とは，すべての人に共通な行動基準などはないという考え方である。すなわち，自分の文化内で通用している価値観やものの考え方を基準にして異文化を評価してはならないということである。

　例えば，フランス人はナイフとフォークを使って食事をし，マレー系マレーシア人は右手を使って食事をするが，だからと言ってフランス人の方がマレー系マレーシア人よりも文化的に優れているわけではない。フランス人の文化もマレー系マレーシア人の文化も，それぞれの文化的コンテキストに即して理解・評価され，尊重されるべきものなのである。すべての文化は，どれほど小規模であろうとも，それぞれに存在価値を有しており，優劣の価値判断などすべきではない。異文化理解の要はここにあると言える。

　英語教育を通して，日本の子どもたちが，英語圏の文化は優れており，発展途上国の文化は劣っているものと見てしまうことが

あるなら，これは大問題である。英語教育が国際理解教育・異文化理解教育に貢献するどころか，マイナスの役割をはたすことになってしまうからだ。

1-2 異文化理解の障害

　異文化理解をさまたげるものとして，エスノセントリズムとステレオタイプをあげることができる。前者は，「文化相対主義」と対極にある考え方で，自文化や自民族を中心にしそれを美化するものであり，後者は，あらかじめ抱いていたイメージを，実際の姿と照らしあわせて修正しようとしない態度のことである。

　エスノセントリズムは，幼児期からの自文化の学習によって内面化してしまうため，多かれ少なかれ自文化を優れたものと考え，他の文化を軽蔑する態度である。アメリカのアリゾナ州を中心に住んでいるネイティブ・アメリカン350部族の中で最大のナバホ族は，自分たちのことを「ディネ」と呼ぶ。これは「真の人間」という意味で，ナバホ以外は真の人間ではないということなのだ。このようにエスノセントリズムは，昔からどの民族にもみられるものである。

　ステレオタイプも，エスノセントリズム同様，人間ならだれしもが多かれ少なかれ持っている態度である。異文化に対して，ある固定的なイメージでみてしまうのである。あまりに単純化されたステレオタイプやこれに基づく評価は，誤解のもとになる。

　自分が持っているエスノセントリズムとステレオタイプについて，その存在を意識し，これを超えて相手文化を正しく理解しようとする心がけが異文化理解には必要である。

　小学校の教育現場でも，自分の文化も相手の文化も等しく価値のあるものとして接することができるような態度を養成していく

ことが，真の国際理解の第一歩だと言えるだろう。

1-3 価値観の違い

　アメリカの人類学者のクラックホーン（Kluchhorn）は，それぞれの文化に社会観，人間観，時間観があり，それぞれの文化によってそのとらえ方が異なる，と言っている。たとえば，アメリカでは徹底した個人主義のため，上下ではなく平等という意識が強く，年配者の権威は日本に比べるとはるかに弱い。結婚も個人と個人の結びつきであり，家族と家族の結びつきも考えなくてはならない日本とは異なる。結婚に対する考え方が異なるので，当然離婚に対する考え方も日本とは異なっている。アメリカの離婚率は50％を越えているのである。このような点にも，個人を重視する社会観（アメリカ）と人間と人間の「関係」を重視する社会観（日本）の違いがあらわれていると言えるだろう。

　アメリカ人は，人間はそれぞれすばらしい可能性を内に秘めていると考えているので，個性を尊重する。人間の悪い部分をとり除けば，個性をどんどん伸ばして良くなると考えているのである。また，伝統にはあまりとらわれず，未来に向かってさまざまな可能性を追求しようとする人が多い。

　以上のことをわかりやすく整理してみると，次のようになる。アメリカ人は，社会観では個人型，人間観では性善説，時間観では未来指向型なのである。

　このように，文化の大まかな傾向はとらえることができるが，文化を一般論でまとめてしまうのは，ステレオタイプで見ることになるので危険である。個人差を無視することなく，しかし，一般的によく知られている価値観の違いはおさえておくことが大切であると言えよう。

2 コミュニケーション能力と異文化理解

2-1 コミュニケーション能力とは

　英語を使ってコミュニケーションをしようとした時，まず必要となるのが単語や文法の知識である。ある程度の単語力や文法力がなければ，相手の言っていることを聞き取ることもできなければ，自分の言いたいことを言えもしない。

　次に必要なのは，文をある程度のまとまりで使う談話レベルの知識である。さらに，自分の発話がその場面や相手に対して適切かどうかを判断する力も必要となる。また，難しい表現を言い換えたりする力も大切である。

　つまり，コミュニケーション能力とは，カナルとスウェイン (Canale & Swain) の言う4つの能力から成り立っているといえるのである。すなわち，文法的能力，談話能力，社会言語学的能力，方略的能力の4つである。

　語彙や文法の知識は，異文化理解においてはその文化の個々の知識と結びつく。談話能力は個々の文ではなく，まとまった文章に関わる能力である。日本語は「起承転結」という論理で表現されることが多いが，英語は主題が先に述べられ，それに続く文は，主題を補って説明する文であることが多い，ということはすでに述べたところである。社会言語学的能力とは，人間関係の中で適切な英語の表現を適切に選択できるかどうかという力などである。何も言わずにだまっていた方がよい時もある文化もあるのだが，そのような文化の中で自分の意見をどんどん言ってしまって，かえって誤解されたり反発されたりする人がいる。そのような人は，この社会言語学的能力が欠如していると言えるだろう。方略的能

力とは，実際の言語を使用する時に最も大切な能力である。この能力をつけることは，「積極的にコミュニケーションを図ろうとする態度を育てる」ことにも大いに結びつくのである。話をする時の方略も，英語と日本語とでは異なるので，なかなかやっかいである。

2-2 異文化間コミュニケーションのルール

　異文化間でのコミュニケーションには，文化の個々の知識，価値観の理解が不可欠ではあるが，忘れてはならないのが，それぞれの文化でのコミュニケーションのルールに関する知識である。ルールを十分に知らなかったために思わぬ誤解を生じることもある。日本とアメリカの交渉などでは，それがよくあらわれる。交渉の場で妥協点の一致を求める日本に対し，アメリカは交渉とは説得による問題解決と考える。そして交渉の場の雰囲気を重視する日本に対し，アメリカはかけ引きを重視し，その場で勝負をつけたがる傾向がある。したがって，アメリカは期待した成果が得られないと判断すると，すぐに交渉を打ち切ろうとさえする。

　アメリカの大学付属の語学学校では，日本人は授業中の発言が非常に少ないグループに属している。英語力の問題もあるだろうが，そもそも日本の文化では，メッセージの伝達においてことばを多用しないという事実にも関係しているだろう。日本は，多くは語らず，相手の言わんとしていることをコンテクストから判断して理解しようとする文化なのである。これに対して，アメリカやヨーロッパなどは，コンテクストに頼るというより，とにかく言葉で伝えようとする傾向がある。

　文章でも発話でも，最も大切なことが最後になるまでわからないという日本語の文構造・論理構造は，アメリカ人などにはとて

もわかりづらく、逆に、何かごまかしているという印象すら与えかねない。

アメリカ人の会話のルールは、日本人のように、話し手の話に全員がだまっておとなしく、終わりまで聞いているといったものではない。2人が同時に話し出して、結局相手を無視して、より大きな声で話し続けた方が話し手となる、ということもありうるのである。

一般にアメリカ人の会話では次々と話し手が変わり、話題が発展していくというパターンであり、それはキャッチボールのようなものであるとも言える。しかも、そのキャッチボールには受けたボールはすぐにだれかに投げ返すというルールもあるので、沈黙は許されない。また、アメリカ人は、相手の話をしっかりと興味を持って聞いているということを示すために、よく質問をする。日本人の会話とはずいぶんルールが違うのがわかる。

ノンバーバル・コミュニケーション、すなわち言語を使わないコミュニケーションでも文化によってルールは異なる。話をする時、相手の目を見ては失礼だと考える日本人と、逆に相手の目を見て話さないのは、何か隠しごとをしているのではないかと考えるアメリカ人との違いなどが、この典型的な例である。

とにかく、異文化間のコミュニケーションでは単なる異文化の知識や価値観の理解にとどまらず、コミュニケーションに関わるルールを知っていないと、とんでもない誤解をまねくこともありうるのである。

2-3 やさしい英語で異文化理解

英語教育において異文化について教える場合、必ずしも異文化を扱った教材を使う必要はない。以下に、子どもに英語を教える

ことを通して異文化理解が可能になる例をあげてみる。これは,おもに語彙のレベルでの例であり,異文化の個々の小さな知識の習得ではあるが,子どもが英語を学ぼうとする動機づけに結びつくものである。特に,初学者を対象とした場合,大変有効であろう。英語活動のときに,おもしろいエピソードとして紹介してやると,子どもたちの目が輝くことだろう。

(1) 「さようなら」と"good-by(e)"

"good-by(e)"は,"God be with ye."の縮約形で,「神があなたとともにありますように」の意味である。日本語の「さようなら」は「左様ならば御免」が縮められたものである。したがって,"good-by(e)"と「さようなら」は,実は根本的な意味は一致していないのである。

(2) 「窓」と"window"

"window"というと,日本語でいう「窓」を思い浮かべる人が多いが,それは必ずしも正しいとは言えない。一般に西欧の"window"は日本の「窓」に比べて小さい。語源からみると,"window"は「wind+ow(目)」,すなわち「風の出入りする目」という意味である。どうやら"window"には「窓」に期待されている彩光の役目は,あまりないようだ。歴史的には,"window"は外敵に対する見張りのための役割が大きいのである。

(3) 「9月」と"September"

アメリカの学校教育を受けた者にとって,日本語の「9月」と英語の"September"は,かなりイメージの違うものである。

"September"からアメリカ人が連想するのは「新学期の新しいクラスメート,新しい先生との出会い」,時には「新しい学校

へ行く」である。一方，日本人にとっての「9月」は単に「夏休みが終わってしまった」というイメージである。

つまり，"September" には，新しい，何かワクワクするようなイメージがあり，「9月」には逆に，何か楽しいことが終わってしまったというイメージしか持てないのである。同じ月でも，日本の子どもとアメリカの子どもとでは，とらえ方がかなり違うのである。

(4) 「牛」と "cow"

日本語の「牛」に相当する英語は多い。1頭の牛の場合，「雄牛」は "bull"，「雌牛」は "cow"，「去勢された牛」は "ox"，「子牛」は "calf" である。"bulls, cows, oxen" などの総称は "cattle" である。牧畜を主とした文化が，牛に関する語を豊かにしているとみてよいであろう。当然のことながら，次の例のように逆のこともある。

(5) 「さかな」と "fish"

海に囲まれた島国日本では，「魚」に関する語は英語より細分化された名称を有している。英語の "fish" は，合成語で "cuttlefish"（イカ），"jellyfish"（クラゲ），"starfish"（ヒトデ）等にも使われる。これらの魚介や水産動物が "fish" であるとは，日本人には考えにくい。

(6) 「浴室」と "bathroom"

"bathroom" は本来は「浴室」のことだが，アメリカやイギリスの個人の家では，風呂，洗面所，トイレが1つのユニットとして作られているため，「トイレ」の意味でも使われる。個人の家でトイレの場所を聞くときは，"Where is the bathroom?" とい

う表現を用いる。

　日本人にとって浴室とは，ゆったりとお湯につかって1日の疲れをとる場所であるので，トイレと風呂が同じ部屋にあるということは個人の家ではふつうはない。アメリカ人やイギリス人は，風呂とトイレを衛生という観点でとらえる。風呂はシャワーが中心で体の汚れを落とす所で，トイレは体内の不要物を排泄する所とみて，ともにいらない物を出すという点で共通の役割があると考えているのである。

　なお，アメリカなどでは "bathroom" を使用し終ったら，必ずドアは開けておかなくてはいけない。ドアが閉まっているのは，使用中の意味である。

(7) 「おはよう」と "Good morning."

　日本語の「おはよう」は英語では "Good morning." と言うが，これは厳密には正しくはない。"Good morning." には，「こんにちは」の意味も含まれているのである。というのは，"morning" は真夜中，または日の出から正午までを指す語であり，午前11時に日本語では「こんにちは」と言うところを英語では "Good morning." と言うからである。

　また，日本語なら「こんにちは」とふつう言う午後2時頃に，英語では "Good afternoon." を使うことができる。"afternoon" が一般に正午から午後6時頃の夕食時までを指すからである。

　1日の区切り方にみられる文化も，日本語と英語では異なるのである。

(8) 「目玉焼」と "sunny-side up"

　アメリカでは朝の食卓に卵料理は欠かせないものである。「炒り卵」は "scrambled eggs" で，「焼き卵」は "fried eggs" であ

る。「焼き卵」の「両面焼」は "over and easy"，または "over easy" であるが，「片面焼」は "sunny-side up" である。日本では，この "sunny-side up" を「目玉焼」と言う。おそらく，形が目玉に似ているからだろう。英語では，なぜ "sunny-side up" というのだろうか。黄味が白い雲に浮かんだ太陽に似ていることからである。

日本では太陽の絵を描くとき赤に塗るが，アメリカ人は太陽を黄色に塗るのが一般的だ。太陽を黄色だととらえるからこそ，「目玉焼」が "sunny-side up" と呼ばれるのである。これはこれで理にかなっていることがわかるだろう。

(9) 「**家族**」と **"family"**

日本語の「家族」と英語の "family" は，多少意味が違う。*Longman Dictionary of English Language and Culture* によれば，"family" には両親，祖父母，兄，弟，姉，妹，叔父，叔母等が含まれている。日本語の「家族」は叔父や叔母は含まないのが一般的だろう。また日本では，祖父母と同居することはあるが，英米ではまずそのようなことはない。

家族または "family" という概念は，文化を越えた共通したものではあるが，その社会的・文化的意味となると，それぞれの文化によって異なるのである。

(10) 「**夕食**」は **"supper"，"dinner"，"tea"**

「朝食」は "breakfast"，「昼食」は "lunch"，「夕食」は "supper" または "dinner" と言うのが一般的である。しかし，"dinner" とは，「1日の中で最も主な食事」という意味であって，必ずしも「豪華な夕食」という意味だけではない。アメリカの農業地域などでは，昔は1日の中で昼食が家族がそろって食べる最も

豪華な食事であったことから，今でも「昼食」を"dinner"，「夕食」を"supper"と言うことがある。

イギリスでは，午後の3時〜5時に"afternoon tea"といって，スコーン（scone）やサンドイッチなどの軽い食事をして，さらに少し遅い時間に"late dinner"と呼ばれる夕食をとることがある。オーストラリアなどでも，夕食のことを"tea"ということがある。

(11) 「肩」と"shoulder"

日本語の「肩」に相当する英語は"shoulder"である。しかし，この"shoulder"という語は，日本語の「肩」よりもっと広い範囲を指す。"shoulder"は複数形となって一般に首の付け根の部分も含み，背中の上部全体を指すことが多いのである。

(12) 「かぎ」と"key"

日本語の「かぎ」には「鍵」（「錠」を開閉するためのもの）と「錠」の両方の意味があるが，英語では，これがはっきりと区別されている。「鍵」は"key"で，「錠」は"lock"である。「「鍵」を「錠」に差し込む」という場合，英語では"put a key in the lock"という。動詞の"lock"は，ドアのようにそれ自体に錠がついているものに用いられるのである。「ドアのかぎをかけて下さい」は，"Please lock the door."となる。

(13) 「飲む」と"drink"

日本語では，スプーンを使ってスープを「飲む」と言うが，英語ではこのような場合，容器に直接口をつけていないので"drink"とは言えず，"eat"を用いる。日本語の「飲む」はかなり広義に使われるが，英語では飲むものやその飲み方によってさ

まざまな語が用いられる。スープでも，スプーンを使わずカップに口をつけて飲む場合であれば，"eat"ではなく"drink"を用いる。水やジュースを飲むときは"drink"または"have"を，薬を飲むときは"take"を，食べ物などを飲み込むときは"swallow"を用いるのである。

　ことばは，それが使用されている文化の中で生きているということが，今までみてきた多くの例でおわかりいただけたと思う。異文化についてというよりも，英語の中の文化をかいま見ることができたのではないかと考えている。
　このように，教室での英語活動・英語学習を通して異文化の知識が豊富になり，それをきっかけとして，異文化を理解する視野を広げることができるわけである。
　身のまわりのささいなことでも異文化を理解するための材料はたくさんあると思う。このような例を日頃から集めておいて，おりにふれて子どもたちに紹介してやりたいものである。

第 2 部

英語活動の実践例

1 はじめに
――ネイティブ・スピーカーとの体験的外国語学習を通しての国際理解教育

1 「多文化共生」の時代を迎えて

　国際化社会・情報化社会が進展し，世界の国々の出来事や外国の生活の様子が，新聞やテレビなどのメディアから，さらにインターネットを通じてリアルタイムで知ることができるようになった。

　また，神奈川県川崎市でも見られるように，世界の国々から来日し定住する外国人も年々増加し，仕事や旅行などで外国へ渡航する日本人も増え続けるなど，子どもたちにとっても外国の文化に直接触れる機会がますます多くなってきている。

　こうした社会的状況を考えると，外国の文化に対しても理解を持って，外国人と共に協調し，広い視野に立って生きていくことのできる人間の育成が重要な教育の課題となってこよう。時代は，確実に「多文化共生」の道を歩み始めている。

　異文化を持つ外国人との「共生」を進めるには，自国文化の優位性のみを強調し押しつけようとするのではなく，まず，相手の持つ文化の良さ，多様な文化の存在を認めようとする態度が必要であろう。「違いを豊かさに」という国際理解教育の原点がここにある。

　しかし，諸外国と比べて，地理的条件からみても，どちらかと

言えば同じような文化を持つ日本人にとって,異文化を理解することや外国人の立場に立って考えることは容易なことではない。そこで,小学校の段階から外国の人々と出会ったり,外国語や外国の文化に触れたりすることは重要なことであると考えた。そのことは,単に外国への理解を深めるという意味だけではなく,自国の文化や自分自身について見つめ直す良い機会になると思うからである。

進展する今日の社会を考えるとき,相互に国際理解を深め,外国人との意思疎通を図る手段として,共通の言語が必要になってくるであろう。そのために,国際社会における共通語ともいえる「英語」に親しみ,進んでコミュニケーションを図ろうとする子どもの育成が求められているのではないだろうか。

1-1 小学校における英語学習導入の背景

平成8(1996)年7月,中央教育審議会は『21世紀を展望した我が国の教育の在り方について(第一次答申)』の中で,「小学校における外国語教育の扱い」について,以下のように答申している。

　…その結果,小学校における外国語教育については,教科として一律に実施する方法は採らないが,国際理解教育の一環として「総合的な学習の時間」を活用したり,特別活動などの時間において,学校や地域の実態等に応じて,子供たちに外国語,例えば英会話等に触れる機会や,外国の生活・文化などに慣れ親しむ機会を持たせることができるようにすることが適当であると考えた。
　(略)…小学校において,子供たちに外国語や外国の生活・

文化などに慣れ親しむ活動を行うに当たっては、ネイティブ・スピーカーや地域における海外生活経験者などの活用を図ることが望まれる。また、こうした活動で大切なことは、ネイティブ・スピーカー等との触れ合いを通じて、子供たちが異なった言語や文化などに興味や関心を持つということであり、例えば、文法や単語の知識等を教えこむような方法は避けるよう留意する必要があると考える。…

こうした中央教育審議会答申を受けて、平成9（1997）年11月には教育課程審議会『中間まとめ』が公表された。その中の国際理解教育に関わる内容が「1．教育課程の基準の改善の基本的考え方 (3)各学校段階・各教科等を通じる主な課題に関する基本的考え方（国際化への対応）」に示された。

　イ．…また、小学校における外国語の取扱いとしては、各学校の実態等に応じ、「総合的な学習の時間」（仮称）や特別活動などの時間において国際理解教育の一環として、児童が外国語に触れたり、外国の生活や文化などに慣れ親しんだりするなど小学校段階にふさわしい体験的な学習活動が行われるようにする必要があると考える。

さらに平成10（1998）年12月に告示された新「小学校学習指導要領」の「第1章．第3．総合的な学習の時間の取扱い」でもこのように明記された。

　5．総合的な学習の時間の学習活動を行うに当たっては、次の事項に配慮するものとする。
　　(3) 国際理解に関する学習の一環としての外国語会話等を

行うときは，学校の実態等に応じ，児童が外国語に触れ
　　　たり，外国の生活や文化などに慣れ親しんだりするなど
　　　小学校段階にふさわしい体験的な学習が行われるように
　　　すること。

　こうした小学校への外国語学習導入の背景のもと，川崎市立小学校国際教育研究会では，2002年度からスタートする新教育課程の全面実施へ向け，現在の小学校教育の中で，どのような「英語学習」が可能であるのか，英語活動を経験した子どもたちの実態や反応は，どのようなものであるのかといった課題について，プロジェクト・チームを作り研究を進めてきた。

1-2 プロジェクト・チームによる研究

　研究の5年目を迎えた2001年度は，市内小学校10校で，1校あたり年間最大10時間程度のきわめて限られた時間の中で，ALT（外国人指導助手）と学級担任とのティーム・ティーチングによる，英語を題材にした学習活動に取り組んだ。

　小学校での英語学習を推進する上で重要となる外国人指導助手派遣に関しては，プロジェクト・チームによる研究の趣旨を関係機関に説明し，ALT派遣の要請の依頼を行った。関係機関の理解と支援がなければこの研究が成り立たないことは言うまでもない。外国語学習に関する先行研究が少なく，文字通り手探りの状態でゼロからの出発であったが，これまでの研究の成果を各学校の授業実践事例を中心に報告する。

1-3 研究の重点

(1) だれでもどこでもできる授業を

「だれでも，どこでも」できる英語を題材とした学習を念頭に授業を展開してきた。英語教育に専門的な知識・経験を持たない小学校教員にとっては，発音・文法など内容面でとまどう点は多々あるが，公立小学校の現場で，無理なく取り組める活動を考えて授業の実践をした。

(2) ALT とのティーム・ティーチング

小学校では学級担任制が原則であるので，「英語活動」の実践にあたっても ALT にすべてを任せるのではなく，担任とネイティブ・スピーカーである ALT とのティーム・ティーチングで行うことを基本とした。それは担任が，英語が苦手であっても，子どもたちと共に一緒に学ぼうとする態度や姿勢を子どもたちに示すねらいもあったからである。

英語を学習するには，必ずしもネイティブ・スピーカーとの学習でなくとも効果はあろうが，ネイティブ・スピーカーと触れ合い，関わることによって，子どもたちが直接「異文化」に触れる活動や体験ができると考えた。

英語活動を進めていく中で，回を追うごとに外国人への抵抗感が薄らいでいくことや，ALT の英語の発音をすぐに真似てみせるなど，子どもたちも敏感に反応していた。また，「自分の話した英語が外国人に伝わった」という充実感や達成感を多くの子どもたちが感じていたようだ。

(3) コミュニケーションの楽しさ

単に英語表現を覚えそれを使うことだけではなく，身振り手振

り，顔の表情，アイコンタクトなどのボディランゲージも使いながら，簡単な英語でもコミュニケーションができる楽しさを感じとらせるように心がけた。

(4) 英語を学ぶ楽しさを体験

子どもたちが楽しく英語に触れることができるように，ゲーム・歌・寸劇などの活動を多くし，英語への抵抗感や負担を和らげ，学習に取り組めるよう授業の流れを工夫した。授業の形態も一斉授業だけでなく，グループやペアでの活動を取り入れ，子どもたちの活動のチャンスを広げた。

(5) 「聞く」「話す」中心の英語活動を重視

聞くこと，話すことを中心に，英語のリズムや音に慣れることを大切にし，子どもたちが「英語嫌い」にならないように配慮した。授業プランを立てる際には，「英語を使って話してみたい」という意欲や関心が高まるような活動を考え，実践してきた。

2 英語活動の授業案と年間プランの立て方

1 授業の展開例

　授業を行うに当たって授業案を作ることになるが，小学校の英語活動に必要な要素は，①あいさつ，②歌やチャンツ，③ゲームや遊び，の3つに集約される。授業案を作成する際には，このことを念頭に入れてティーチング・プランを構成するとよい。

　ところで，この「3つの要素」がはたして，子どもたちにはどのように受け取られているのであろうか。A小学校での英語活動に関する意識調査の結果（次ページ）から見てみることにする。

　この表は，ALTとのティーム・ティーチングによる英語活動を3回行った後のアンケート調査の一部である。対象は3年生と5年生。アンケートの内容は，「英語活動の時間で楽しかったことは，どんなことですか」との設問に選択肢の中から回答するものである。（複数回答）

　回答を比べると，「ゲームをしたこと」，「握手したこと」，「歌をうたうこと」などでは，3年生の子どもたちの方が「楽しかった」と感じているのに対して，5年生では，「ALTと英語であいさつをしたり話す」ことやALTとのコミュニケーションなどが楽しい印象として残っているようだ。

　このことから，小学校の低学年の授業ではゲームや歌，チャン

A小学校:「楽しかったこと」

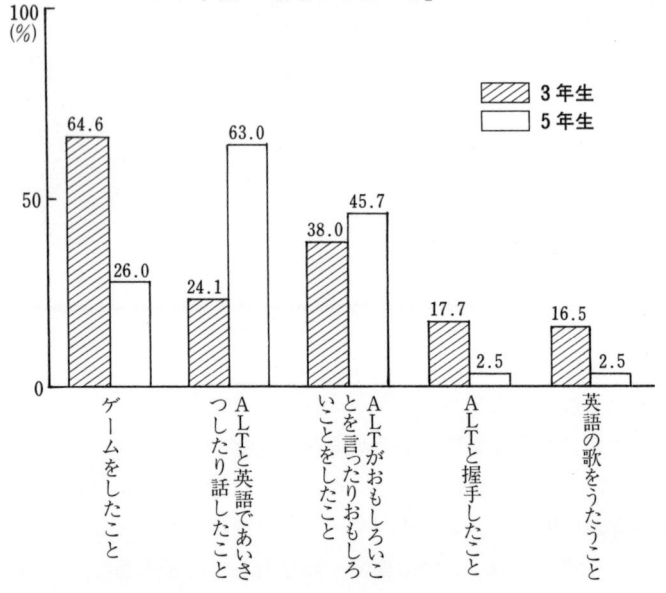

	3年生	5年生
ゲームをしたこと	64.6	26.0
ALTと英語であいさつしたり話したりしたこと	24.1	63.0
ALTがおもしろいことを言ったりおもしろいことをしたこと	38.0	45.7
ALTと握手したこと	17.7	2.5
英語の歌をうたうこと	16.5	2.5

ツを中心に授業を構成し,高学年の授業では ALT とのコミュニケーションを直接図るような活動を取り入れていくことが,子どもたちにとっても喜びが感じられる英語活動であるとわかるだろう。

　授業の展開を考えるにあたっては,こうした子どもたちの思いも考慮しながら,語学の学習には欠くことのできないスキット練習や会話練習といった英語のコミュニケーション活動をうまく「3つの要素」に取り入れ,興味と関心が継続するような展開を心がけるべきである。(具体的な授業展開例は,本章3「年間を通した授業展開例と「授業ノート」から」(pp.107-132) 参照)

　授業の中に取り入れるこうした要素を具体的にいくつか用意し

ておき,いよいよ授業案の作成に取りかかることになる。

ここで紹介するのは,いずれも実際に各小学校で授業実践された3種類の授業案である。

授業案1-1「詳細な授業案の例——「病院に行ったらどうするの?」」は,研究授業として公開されたもので,中学校の英語科教員,小学校の学級担任,補助教員,そしてALTとの4人によるティーム・ティーチングで行った授業の展開例である。非常に詳細に書かれたもので,「細案」と呼ばれる授業案の形式である。授業案の最後には,資料として授業で使用する教材・教具,教室のレイアウトまで丁寧に記述されるなど完成度の高いものである。

授業案1-2「授業のねらいや担任・ALTの動きが見える授業案の例——「みんなで楽しくイングリッシュ・タイム」」は,通常の授業案である。授業をする他の学級担任のためにも,その授業の考え方や解説を明記しておくことは必要であろう。

授業案1-3「要点を簡潔・明瞭に表わす授業案の例——「君が好きなものは?」」は,「略案」ともいうべきもので,その授業の大まかな流れだけを記入したものである。授業をする学級担任とALTとの間で十分に打ち合わせができていれば,こうした形式でも授業をすることは十分可能だ。

1-1 詳細な授業案の例——「病院に行ったらどうするの?」

▶ロール・プレイで授業を構成

題材名:「お大事に…」("Take Care of Yourself")

目　標:・実際の生活場面で必要な,体調不良または身体的苦痛の表現の仕方を知る。"I have a headache."(頭が痛い), "I have a stomachache."(おなかが痛い), "I have a cut."(切ってしまった)など。

・これらの表現を実際に使い，ALTや級友と対話する中で適切な処置をしてもらうという課題を達成する。

事前準備（pp. 79-82［資料］参照）

　　　ア．「頭が痛い（headache）」,「おなかが痛い（stomachache）」,「切り傷（cut）」と見出しをつけた薬棚（これで1つ）を4つ用意する。

　　　イ．そのうちの1つをALT用として教卓に置き，残り3つは，児童用机2脚ずつを教室の3か所に配置して，その上に置く。

　　　ウ．頭痛薬，胃薬，傷薬（またはバンドエイド）の3種類の絵を白画用紙に児童1人ずつ全員に描かせ（どの児童も絵を3種類描くということ），回収して種類ごとに3等分して3か所の薬棚に保管する。

　　　エ．ALTに描いてもらった頭痛薬，胃薬，傷薬の絵に日本語で「〜薬」と書き入れたもののコピーをクラスの人数分，色画用紙に印刷しておく。

　　　オ．「〇〇こどもクリニック」（例えば「川崎こどもクリニック」,「麻生こどもクリニック」,「王禅寺こどもクリニック」）という看板3種類と「［ALT名］クリニック」という看板1つ，計4種類の看板を保護者懇談会で使う名札の要領で作る。

　　　カ．「頭が痛い」,「おなかが痛い」,「（指を）切ってしまった」という状態を表わす絵をそれぞれ1枚ずつ用意する。

　また，活動の内容と直接関係はないが，英語を始めるという雰囲気作りのために "ABC Chant" をあらかじめ練習させておいて，授業の冒頭にやらせたい。

展　開（40分）：

	児童の学習内容と活動	支　援
4分	1. "ABC Chant" 2. あいさつとALTの紹介・自己紹介。 　ALT: Hello. 　　Ss: Hello. 　ALT: My name is 〜. 　　I'm from 〜. I like 〜.	・JTの呼びかけで始める。 ・JTは内容の確認をする。
10分	3. 練習 ・ALTに注目し、ALTの様子の変化に気づく。 ・教師同士の対話を聞き内容を推測する。	・今日の授業の概要を簡単に説明する。その間、ALTはスナックの袋を開けようとして指を切る振りをする。 ・JTがALTを見ながら「どうしたのかしら。どこか痛いのかな。What happened?」と尋ねる。ALTは指を押さえて、"I have a cut." と答える。JTは「Take care. お大事にね」と言って、絆創膏を渡す。 ・ALTは下線部分を"headache" や "stomachache" にも換えて言い、そのつどJTも「Take care. お大事にね」と応答する（国語辞典やスナック菓子を利用して場面を作る）。

	・JT の質問に答える。	・ALT は「〜が痛い」という動作のみ行い，JT はその動作を指し示しながら「どこが痛いと言っているのかな」と児童に尋ねる。
	・ALT の英語と動作とを真似る。	・ALT は動作をつけながら "a headache" などと言い，児童に英語と動作を真似させる。
	・ALT の英語を聞いて動作をする。	・ALT は動作をせずに "I have a headache." と言い，児童に動作をさせる。
	・文の形で言い，動作もつける。	・ALT は "I have 〜." と言いながら動作する。児童にも英文を言わせ，動作もつけさせる。
	・ALT の後について発音練習する。 "Take care." "Thank you."	・JT は，「具合が悪いと言っている人には『お大事に』と言ってあげよう，言われた人はお礼を言おう」と話す。ALT は "Take care." "Thank you." という表現を練習させる。
	・ALT の英語を聞き，動作を見ながら "Take care." と応答する。	・ALT は "I have a 〜." の3つの表現を動作もつけて聞かせる。児童が "Take care." と言ったら必ず "Thank you." と返す。
	4．実践① ・医者である ALT や3人の JTs	・教師は医者役，児童は患

	のところへ，患者として自分の体調を訴えにいくのだと知る。	者役となり，児童は頭痛などの体調不良を訴え，医者から薬をもらってくるという設定の説明をする。
25分	─── **目標となる対話** ─── ALT: Hello, S1. 　S1: Hello, (ALT's name).　I have a ｜ cut. 　　　　　　　　　　　　　　　　　　　 headache. 　　　　　　　　　　　　　　　　　　　 stomachache. ALT: Oh.　Take care.　（と言って薬棚から薬を取り出し児童に渡す） 　S1: Thank you.	
	・ALTの後について上の対話練習をする。	・ALTは "cut"，"headache"，"stomachache" の順に練習させる。 ・児童に，自分の英語を意識するだけでなく，医者の英語もよく聞くように言う。 ・もらった薬が自分の言った症状と合っているか確かめさせる。
	・横の列ごとに4人の教師たちのところへ患者役を実演しに行く。 ・教師が症状に合わない薬をくれた場合は，もう1度 "I have a ～ ." と言う。	・4人の教師は4か所に分かれ，1列分の児童一人ひとりに実演させる。 ・最後までできたら必ず褒める。 ・対話が済み次第，児童に渡した絵を教師が回収して

第2章　英語活動の授業案と年間プランの立て方

5．実践②
・今度は児童同士でも対話することを知る。

・希望者12名程度が医者役，残りが患者役となる。

棚にしまう。

・4.の応用として，教師の他に級友同士でも対話をすることを伝える。

・医者役希望者を募る（多い場合はALTが選ぶ）。

― 医者役の児童の役割 ―
3か所のクリニック（薬棚のある場所）に分かれて診察にあたり，薬（処置）を渡す。

・ALTは途中から患者として来た何人かを助手として指名し，自分のクリニックの医者にしてもよい。

― 患者役の児童の役割 ―
初めだけ4グループに分かれ，最初に訪れるクリニックの前に並ぶ（1か所に集中するのを避けるため）。ALTのクリニックを含め，なるべくすべて回り，こどもクリニックではそれぞれ違う症状を言うようにする。2軒目以降は空いている所から回る。4か所全部回り，薬を受け取った者から自分の席に戻る。

・医者役の児童が全員所定の場所に移動したら患者役の児童も移動する。
・対話のそれぞれの役の英文をALTの後について再度練習する。
・役割に応じて活動を始める。

・医者役の児童を先に移動させる。
・ALTは英文を練習させる。
・JTは3か所を回って活動がスムーズに行われるように気を配る。
・JTは4か所のクリニックを回った児童を座らせる。

― 活動中の対話 ―
S1: Hello, S2.

・JTは訪れる

	S2: Hello, S1. I have a | cut. | headache. | stomachache. S1: Oh. Take care. （と言って薬棚から薬を取り出し，S2に渡す） S2: Thank you.	患者がいなくなったクリニックの医者役の児童を座席に戻す。
	6．まとめ ・希望者は2，3人医者役となる。	・活動で医者役をやらなかった児童の中で医者役をやりたい者2，3人を前に来させ，ALTを患者役にして対話を行う。その時，ALTは2つの症状を言ってみるのも良い。 ・JTはポイントのまとめをする。
1分	7．あいさつ ・Thank you, (ALT's name). Good-bye.	・ALT: Good-bye.

[**資料**]「お大事に…」

ア．薬棚4つ

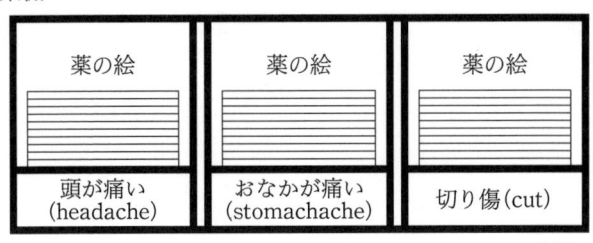

薬の絵	薬の絵	薬の絵
頭が痛い (headache)	おなかが痛い (stomachache)	切り傷 (cut)

（これで1つの薬棚）

イ．薬棚の位置

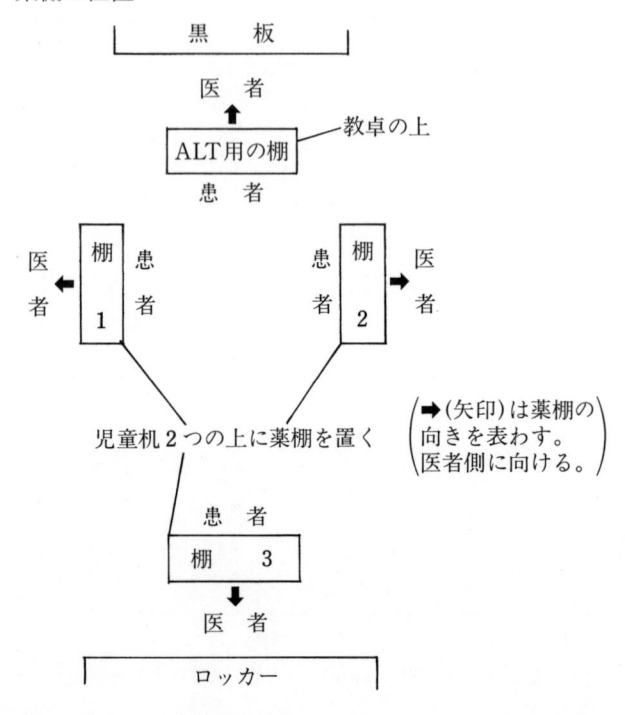

```
                    黒    板
                      医  者
                        ↑
              ┌──────────────┐ ─── 教卓の上
              │   ALT用の棚   │
              └──────────────┘
                      患  者


      ┌──┐患                        患┌──┐
  医 ←│棚│者                        者│棚│→ 医
  者  │1 │                            │2 │  者
      └──┘                            └──┘
                                          ⎛→(矢印)は薬棚の⎞
        児童机2つの上に薬棚を置く      ⎜ 向きを表わす。 ⎟
                                          ⎝ 医者側に向ける。⎠

                      患  者
                    ┌──────┐
                    │ 棚 3 │
                    └──────┘
                      医  者
                  ┌──────────┐
                  │ ロッカー │
                  └──────────┘
```

ウ．児童による，頭痛薬・胃薬・傷薬またはバンドエイドの絵（白画用紙）。

（例） 1人が3種類すべて描く。

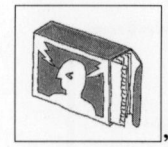

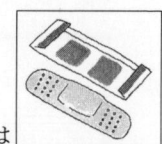

エ．ALT による，頭痛薬・胃薬・傷薬の絵（それぞれを色画用紙に。クラス人数分ずつ）

3種類ともに「〜薬」と絵の下に書き入れる。

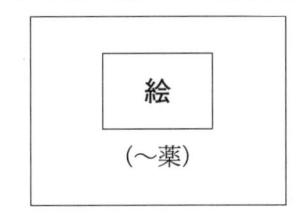

```
┌─────────────┐
│    絵       │
└─────────────┘
    (〜薬)
```

オ．「〜クリニック」の看板：「〜こどもクリニック」3つ，「[ALT名] クリニック」1つ。

カ．頭を押さえている絵，おなかを押さえている絵，指を切ってしまったことを指す絵（黒板に貼る），各1枚ずつ。

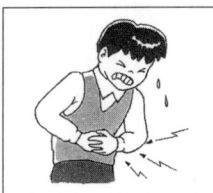

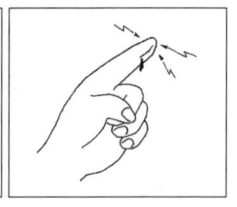

キ．その他：授業時の座席

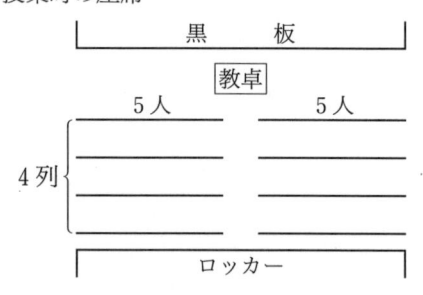

```
            |——— 黒    板 ———|
                  [教卓]
          5人              5人
      ┌   ─────         ─────
      │   ─────         ─────
   4列 ┤   ─────         ─────
      │   ─────         ─────
      └
            |——— ロッカー ———|
```

1-2 授業のねらいや担任・ALTの動きが見える授業案の例
―――「みんなで楽しくイングリッシュ・タイム」

▶身近な歌やゲームから授業を構成する

題材名：「マーク先生と楽しくすごそう！」

目　標：・簡単な自己紹介①ができる。
　　　　・ゲームを通してALTの発音に慣れる。

展　開（35分）：

時間	ねらい	児童の学習内容と活動	学級担任の支援	ALTの支援
3分	英語学習への意欲を高める	・マーク先生とあいさつする。 「ABCの歌」 「ABCのチャンツ」	マーク先生とあいさつしましょう。 Good afternoon! 歌いましょう。	Good afternoon! ☞できるだけ多くの子どもと一対一であいさつする。
		・絵を見て，発音練習をする。	・apple, thunder, punch, dog, cat, monkey, panda,	

82 ―――第2部　英語活動の実践例

5分	英語の発音に慣れる/ALTの英語を聞き取る	・ALTの発音を反復する。	koala, elephant, rabbit, giraffe, orange, banana, strawberry, grapes, watermelon, cake, などの絵カードを提示する。
10分		・ゲーム1をする。 「落ーちた, 落ちた, 何が落ちた」ゲーム 　apple　（りんご） 　thunder（雷） 　punch　（げんこつ）	・ゲーム1「落ーちた, 落ちた, 何が落ちた」ゲームは, 子どもたちもよく知っているので, その英語版であることを説明する。 ・「落ーちた, 落ちた, 何が落ちた」は担任と子どもたちが日本語で言う。apple, thunder, punch は ALT が言う。 ・最初に担任と ALT でやってみせる。始めはゆっくりと行い, だんだん速くする。
8分	自分を表現する	・自己紹介①の練習をする。 Hello, マーク先生. I am Kiyoshi. Thank you. ・指名された児童（数名）が自己紹介をする。 ・友達同士で自己紹介の練習をする。	①ALTが自己紹介をやってみせる。 ②担任が自己紹介をやってみせる。 　☞話す相手の目を見ることが大切。 ③できそうな子に自己紹介させてやり方を理解させたあと, 子どもたち同士で練習する。 　☞担任と ALT は, 子どもたちの中に入って, 支援する。
	簡単な	・指名された児童が ALT に向かって自己	・ALT は自己紹介を聞いた後で簡単な質問をする。

8分	コミュニケーションをする	紹介をする。 ・自己紹介の後，ALTの質問にYes, Noで答える。	☞できるだけ多くの子どもに。 例：Do you like cake? 　　Do you like strawberry? 　　☞絵カードを提示する。	
1分	あいさつの仕方を知る	・マーク先生とあいさつ。 Good-bye! See you!	マーク先生とさよならしましょう。	Good-bye! See you!

《ALTとの英語活動の開始にあたって》

　この年度前半の課題として，「自己紹介」を取り上げた。それは，自己紹介によって，自分を表現すること，自分を主張すること，スピーチの原形を学ぶこと，ができると考えたからである。中京女子大学の杉浦宏昌先生は，小学生の自己紹介については，発達段階に合わせて次のようにできればよいとしている。（月刊『ツー・ウェイ』の連載から）

　Hello, Ichiro.
　I'm Yusuke.（My name is ... でもよい）
　I like *kyushoku* in Hananoki Primary School.
　Thank you.

　そこで，本校の自己紹介のモデルを次のように考えた。

> Hello, Sanae.
> I'm Kiyoshi.
> I like baseball.
> I have Pockemon Cards.
> Thank you.

学習する順番は，次のようにした。

① Hello, Sanae.
　 I am Kiyoshi.
　 Thank you.

② Hello, Sanae.
　 I am Kiyoshi.
　 I like baseball.
　 Thank you.

③ Hello, Sanae.
　 I am Kiyoshi.
　 I like baseball.
　 I have Pockemon Cards.
　 Thank you.

1-3 要点を簡潔・明瞭に表わす授業案の例
——「君が好きなものは？」

▶ ALT の動きで，クラスをリードする授業の構成

題材名：「ジャック先生に質問しよう！」

目　標：・自分から進んで英語を使う。
　　　　・ゲームや会話でコミュニケーションを楽しむ。

展　開：

	学習内容と活動	ねらいと支援
出会いとリラックスの時間 15分	①歌とチャンツを楽しむ。 ・「ABC の歌」 ・「ABC チャンツ」 ・「クラップ ABC」 ②ALT とあいさつをする。 　Hello. 　Good afternoon. 　How are you? ③ゲームをする。 　「シャーク・アタック・ゲーム」	・英語の学習に自然に入れるように，歌やチャンツで雰囲気を盛り上げる。 ・ALT が一人ひとりの子どもと直接あいさつを交わすようにする（親近感と満足感が大切）。 ・ALT が英語でゲームのルールを説明する。担任の補足は最小限にとどめる。
	④ What animal do you like? を使って質問する。 (1) ALT の発音に続いて，復唱する。 　ゾウ，パンダ，カンガルー，クマ，ライオン，ペンギン，ネコ，サル，コアラ，イヌ，トラ，ウサギ，シマウマの	・動物の絵カードを黒板に掲示する。

コミュニケーションを楽しむ 25分	13種類 (2) ビンゴ・ゲームで遊ぶ。 What animal do you like? I like dogs. (cats, bears, etc.) (3) animal の部分を入れ替えて ALT に質問する。 子ども: What (　　) do you like? ALT: I like (　　). 「覚えたフレーズを使って質問してみよう」，「聞く内容は，他の子と同じでもいいよ」と呼びかけ，できるだけ多くの子が質問する。	・ビンゴ・カード（3×3） ・動物シール 　 ・ゲーム前に動物シールをはっておく。 ・事前に ALT に聞きたいことを考えてさせておく。 ・（　　）は食べ物，飲み物，動物，スポーツ，色などが考えられる。 ・カタカナ英語でも十分表現できることに気づかせたい。 ・受身の会話ではなく，自分から尋ねようとする態度を大切にする。
	⑤わかれのあいさつ Good-bye. See you again.	

1-4 授業ノートの作成

　授業の記録を残す意味から，それぞれの授業実践の後には，「授業ノート」を書くようにした。次のような内容である。

(1) 授業までのプロセス
(2) 授業の記録
(3) 授業を終えて
(4) 資料の一覧

必ずしもこの4点すべてを書かなければならないというものではない。授業者の考えで，別な観点を挙げて書き留めてもよく，決まった形式もないので，「ノート」と呼ぶより「メモ」と読んだ方がぴったりするかもしれない。

　授業ノートの作成によって得た最大の収穫は，自分が実践した授業についてできるだけ詳しく残しておくことによって，プロジェクト・チームによる研究を進める上で重要な資料を得ることができたということである。

　つまり，1つの授業を振り返ることによって，それが次の授業を構成していく際の資料となり，これを積み重ねることで，研究全体の様子がうかびあがってきたである。他校で取り組んでいるプロジェクト・チームのメンバーとの情報交換や共通理解を図る上でも，この授業ノートは貴重な財産となった。

　1年間を通した指導案と授業ノートについては，本章3「年間を通した授業展開例と『授業ノート』から」に詳しく紹介してある。また，各学校の代表的な授業実践の記録については，第3章をご覧いただきたい。

(1) 授業までのプロセス

　ALTが来校して行う1回の英語活動につき，3時間（＋朝の会・帰りの会）の授業時間数を充てた。3時間を1ユニットとして考えた。

時	時間	活　動　内　容
1	45分	〈事前準備〉 ALTが来校することを知らせる。 ローマ字を使って自分のネーム・カードを作る。 NHK教育放送の「えいごリアン」を視聴する。(15分)

		内容は，"How are you?" "I'm fine."
		〈朝の会・帰りの会〉歌の練習（5分×5回） "Bingo", "Head, Shoulders, Knees and Toes"
2	45分	〈当日〉 ALTを迎えての英語活動「ハローワールド」の時間。
3	45分	〈ふりかえり〉 良かったこと，楽しかったことを話し合う。 英語活動で今後やってみたいことを発表する。 学習を終えての感想を書く。

(2) 授業の記録

第3回目に行った「ハロウィン・パーティーをしよう！」の授業を紹介する。

①イントロダクション（HTとALTの寸劇）

ドラキュラに扮したジャック（ALT）が教室に入ってくる。

HT ：Who are you?

ALT：I'm ドラキュラ.

HT ：Do you like milk?

ALT：No, I don't. I like blood.

この後，HTは，Do you like fried chicken? Do you like hamburgers? Do you like potatoes? と尋ねるが，いずれもALTの答えはNo, I don't. I like blood. となる。

milk, fried chicken, hamburger, potatoは，③アクティビティで使う単語である。

HT ：Where are you from?

ALT：I'm from Romania.

HT ：Where is Romania?（地球儀を出してくる）

ALT:（地球儀でルーマニアの位置を説明）

HT : How do you say 地球儀 in English?

ALT: Globe.

つづいて HT は，野球の glove，ボクシングの glove，手袋の glove を出してきて，ALT が言う "globe" と "glove" の発音の違いを子どもたちに知らせる。

次に，ハロウィンについて，ALT が簡単な英語を使いジェスチャーを交えて説明する。

② クラップ（手をたたく）を入れながら，歌 "Bingo" を歌う。

③ アクティビティ

今回の授業の中心となる活動である。

犬，猫，カトちゃん，ヨッシー（担任）に扮して，それぞれのキャラクターになりきるゲーム。

はじめに子どもたちは，フェイス・ペイント・マーカーで顔にヒゲなどを描く。

［今回のスキット］

　I'm a cat.

　I like milk.

　Please give me milk.

スキットの表現を ALT の後について練習し，つぎに子どもたち同士で練習を重ねる。うまく言えるようになったら「カード交換ゲーム」をする。

猫に扮した子は，他の友達に，I'm a cat. I like milk. Please give me milk. と言って，友達から milk のカードをもらう。

ルールは，多くのカード集めたチームが勝ち。

(3) **授業を終えて**

① のイントロダクション（HT と ALT の寸劇）では，

"globe" と "glove" の発音の違いに気づくことをねらった。普段使っている野球の "glove" の発音は「グローブ」でないことが理解できたようだ。

また，gloveは手にはめるものであることにも気づいていた。

③のアクティビティは，大変に盛り上がった。マーカーで顔にペイントする時などは，歓声と笑い声が絶えなかった。鏡に映る自分の顔を見てはしゃぐ子どもたちの表情が印象的だ。

マーカーで少しペイントするだけで，子どもたちはcatやdogになりきってゲームに熱中していた。カードをできるだけ多く集めるゲームなので，英語を使う回数が多くなり，I'm a cat. I like milk. Please give me milk. の言い方に慣れていったようだ。

「…ジャック先生とハローウィンをやって楽しかったです。私はネコだったのでミルクを沢山集めました。ぎこちなかったけど，少し英語がしゃべれてとっても，とってもうれしかったです。とおっても楽しかったので，またジャック先生との授業でハローウィンがやりたくなりました。その日家で『アイ　ライク　ジュース，プリーズ　ギブ　ミー　ジュース』と言ったら，お母さんが，ジュースを入れてくれました。」（原文のまま）という子どもの感想文があった。

(4) **資料の一覧**（省略）

2 英語活動の年間プラン

国際理解教育の研究に取り組んでいるA小学校では，英語活動の時間を「交流学習（活動）の時間」と呼び，ALTとの交流を通して，子どもたちの異文化への視野を広げ国際性を育てることを目標として授業を展開している。

英語活動という位置づけの中で，子どもたちには，英語に親しみ楽しく遊びながら，外国人との交流を体験させたいと考えている。また，ALTとの交流活動の中で，国際理解教育の一環としての異文化体験や異文化理解もねらいとしている。

　英語活動の実践にあたっては，英語を「読ませない」，「書かせない」，「覚えさせない」をモットーに，「話す」，「聞く」を中心とした学習プログラムを構成している。ALTとの交流の機会が継続的に行われることを重視し，最低毎月1回は設定するようにした。そのためALTとの交流は全学年を対象とせずに，3年生と5年生に限定している。（年間活動プランは次項2-1参照）

　交流活動の時間を確保するために，総合的な学習の時間の中で交流活動を続けることにした。ALTが来校する時のみが「交流」ではなく，事前の準備や事後の復習や感想・ALTへの手紙を書くことなども交流活動の一環としてとらえ，年間20時間程度，ALTとの交流学習の時間にあてている。

　［事前の活動として］
　①NHK教育放送「えいごリアン」の視聴。
　②簡単なあいさつを英語で交わす練習。（朝の会）
　③歌やチャンツの練習。（帰りの会）
　④ネーム・カードやピクチャー・カードの作成。
　⑤簡単なメッセージ・カードやボードの作成。
　［事後の活動として］
　①感想やお礼の手紙を書き，ALTとの交流をいっそう深める。
　②教えてもらった会話を練習し，次の英語活動に生かす。
　③学習発表会で活動の様子を発表する。

　A小学校の年間活動プランは，学校の研究の一環として繰り返しプランの見直しを行った経緯もあり，比較的詳細に計画が立て

られているのに対して，B小学校の年間プラン（p. 105参照）は，簡略で学習内容の概要のみの記載となっている。（B小学校の年間を通した授業案と授業ノートは，本章3「年間を通した授業展開例と『授業ノート』から」，pp. 107-132参照）

年間活動プランの作成にあたっては，その学校の考え方にもよるが，簡単な形式のものから，少しずつ実践を積み重ねていくなかで，詳細なプランを作成していく方が無理がないようである。

C小学校の年間プラン（p. 118対向の折込み参照）をみると年間の活動の様子がよく見て取れる。年間6回という限られた中での授業展開であるが，英語活動を進める上での学習の流れがよく分かる。

各時間のねらいをはじめ，活動の中で使用する歌・チャンツ，ゲーム・絵本，英語表現や基本用語などがコンパクトにまとめてあるので，これから英語活動に取り組む小学校には参考になるであろう。

2-1 A小学校の年間活動計画

▶ A小タイム活動「交流学習」計画

(1) 3年生・題材名：「ALTとの交流学習」

学期	月	時	ねらい	主な学習活動
1	4		◎英語のあいさつに慣れる。	
		1	○英語の発音に慣れる。	○ TV「えいごリアン」を視聴する。 ・"Hello, I'm 〜." の練習をする。 ○"Good Morning, Good Evening, Good Night" の歌を覚える。
		2	○ Nice to meet you.	○はじめまして，ダニエル先生。

			・ALTとあいさつをする。 　"Good morning." 　"How are you?" 　"I'm fine, thank you." ・みんなで"Good Morning, Good Evening, Good Night"を歌う。 ・ALTの自己紹介を聞く。 ・簡単な自己紹介をする。 　"Hello, I'm Kumiko. Nice to meet you." 　"Hello, I'm Kenji. Nice to meet you, too." ○果物の英語の発音を知り，"Fruits basket"のゲームで遊ぶ。 ○終わりのあいさつをする。
5		◎英会話を通して名札を作る。	
	3	○英語に親しむ。	○ TV「えいごリアン」を視聴する。 ・"What's your name?" "My name is～."の練習をする。 ○"Good Morning, Good Evening, Good Night"を歌う。
	4	○ Let's Make My Name Tag!	○名札作りをしよう。 ・みんなで"Good Morning, Good Evening, Good Night"を歌う。 ・Let's Make My Name Tag! 　名札を作ることを知り，必要な会話を練習する。

				"What color do you like?"
				"I like red."
				"What's your name?"
				"My name is Ayumi Nishi."
				・名札作りをする。
		5	○英語の表現に慣れる。	○色のカードを使って前時の会話の練習をする。
				"What color do you like?"
				"I like red."
				pink, blue, orange, yellow, green, gray, purple, etc.
				"What's your name?"
				"My name is Ayumi Nishi."
	6		◎絵本を通して英語に親しむ。	○ALTに英語で絵本を読んでもらおう。
		6	○ *Brown Bear, Brown Bear, What Do You See?*	・みんなで踊りながら "A Sailor Went To Sea" の歌を歌う。
				・ALTに絵本を読んでもらう。(*Brown Bear, Brown Bear, What Do You See?*)
				・話を聞きながら,いっしょに声に出して呼びかけてみる。
				・絵本のカードを使ったALTの質問に答える。
				"Mariko, Mariko, what do you see?"
				"I see a red bird."
				"What animal do you like?"
				"I like a yellow duck."
		7		○前時の絵本のカードを使って,友

			だち同士で会話の練習をしよう。
			"Kenta, Kenta, what do you see?"
			"I see a white dog."
			"What animal do you like?"
	7	◎ ALT とゲームで遊ぶ。	○数の表現の仕方を知ろう。
			・みんなで踊りながら "A Sailor Went To See" を歌う。
	8	○ Let's Play Bowling!	・数字の発音の仕方を教えてもらう。
			one, two, three, four, five, six, seven, eight, nine, ten
			○ボーリングをする。倒れたピンの数を友だちに大きな声で伝えて,倒れた数に合った声をかける。全部倒したら, "Strike!"。
			・数本残ったら, "Close!" または "Almost", ほとんど倒れないときは, "Don't worry!"
2	9	◎ ALT と日本の遊びをする。	○身振り手振りを交えて, ALT に日本の遊びを教えてあげよう。
			・みんなで "Open Shut Them" の歌を歌う。
	9	○ Let's Play Japanese Game!	・グループごとに選んだ遊びを, ALT に紹介しながらみんなでいっしょに遊ぶ。
			「かごめかごめ」,「花いちもんめ」
	10	◎ ALT や友だちと英	

			会話を楽しむ。	
		10	○ Let's Play "Simon says" Game!	○体の部分の英語の名前を知ろう。 　head, ear(s), face, eye(s), mouth, shoulder(s), arm(s), hand(s), lap(s), toe(s), etc. ・"Touch your ～"で，指定された部分に触る。 ・寸劇をしながら，会話に慣れる。
	11		◎相手の質問に自分で考えて答える。	
		11	○英語に親しむ。	○ TV「えいごリアン」を視聴する。 ・"Whose is this?" "It's mine." の練習をする。 ○英語の歌を歌う。
		12	○相手の質問に簡単な英語で答える。	○答え方を知ろう。 　"What's this?" 　"This is a yellow hat." 　"Whose is this?" 　"It's mine." ・カードを使って質問をしたり，相手の持っているものを当てっこしたりする。 ○ ALTや友だちと一緒にダンスを踊ろう。 ・みんなでフォークダンスを楽しむ。
	12		◎英語を使って買い物をする。	
		13	○One hamburger, please.	○「ハンバーガーショップごっこ」をしよう。

				・品物の名前を知る。 hamburger, cheese burger, french fries, orange juice, cola, etc. ・買い方を知る。 "Hello, may I help you?" "Yes, one hamburger and one cola, please." "O.K. Here you are. Thank you." ・店員もやってみる。
3	1		◎ALTとスポーツを楽しむ。	
		14	○英語に親しむ。	○TV「えいごリアン」を視聴する。 ・"Whose is this?" "It's mine."の練習をする。 ○英語の歌を歌う。
		15	○Let's Play Sports!	○ALTやみんなで元気に遊ぼう。 ・いろいろなスポーツの英語の名前を知る。 swimming, basketball, baseball, tennis, volleyball, soccer, etc. ・みんなでスポーツを楽しむ。
	2		◎ALTと楽しくふれあう。	○簡単にできるおやつを作ろう。 ・手軽にできるおやつのメニューを考える。
		16	○おやつ作りの計画・準備をする。	・必要な材料や用具の準備をする。
		17	○Let's Cook!	○みんなでおやつ作りをしよう。 ・作り方を教えたり,いっしょに

学期	月	時	ねらい	主な学習活動
				作ったりして，ALTとたくさん話す。 ・楽しく会食をする。
	3	18	◎ ALTに1年間の感謝の気持ちを表わす。 ○お別れのパーティ計画・準備をする。	○お別れパーティの計画を立てよう。 ・1年間の感謝をこめて楽しいパーティになるように計画・準備をする。 ・これまで教えてもらったことを工夫して出し物にする。 ・会場の装飾も考える。
		19	○ Thank you, ダニエル先生.	○ダニエル先生とパーティを開こう。 ・英語の歌をみんなで楽しく歌う。 ・出し物を披露したり，ゲームをしたりする。 ・ダニエル先生の話を聞く。 ・お礼のことばを言う。

(2) 5年生・題材名:「ALTとの交流」

学期	月	時	ねらい	主な学習活動
1	4	1	○英語のあいさつをする。 ・英語の歌を覚える。	○ TV「えいごリアン」を視聴する。 ○簡単なあいさつの練習をする。 ・"If You're Happy and You Know It" の歌を練習する。
		2	○ Greeting and Animal Basket ・英語のあいさつに慣れる。	○ ALTとあいさつをする。 "Good morning." "How are you?" "I'm fine, thank you." ○みんなで "If You're Happy and

				You Know It" を歌う。
				○ ALTの自己紹介を聞く。
				○自己紹介をする。
				"Good morning. I'm Takeshi. Nice to meet you."
				"Good morning. I'm Yuka. Nice to meet you, too."
			・絵本を通して英語に親しむ。	○ALTに絵本を読んでもらおう。 (*Who Lives Here?*) 簡単な英語をいっしょに声に出しながら読む。
			・動物の名前を発音する。	○動物の名前の発音を知り, Animal basket で遊ぶ。 bear, bird, frog, snake
				○終わりのあいさつをする。
5	3		○自己紹介の仕方を知る。	○ TV「えいごリアン」を視聴する。
				○簡単な自己紹介の練習をする。
			・英語の歌を覚える。	○英語の歌を練習する。 "If You're Happy and You Know It"
		4	○ Day and Pronunciation Rally	・みんなで "If You're Happy and You Know It" を歌う。
			・曜日を覚えて, 英語を使ってゲームを楽しむ。	○曜日の発音を教えてもらう。 ○ ALTに絵本を読んでもらう。 (*The Very Hungry Caterpillar*)
			・絵本を通して英語に親しむ。	・ジェスチャーを見ながらおおよその内容を理解する。
				○曜日を記したカードを使って質問に答え, 発音ラリーをする。 "What day is this?"

			"This is Sunday." "What animal is this?" "This is a bear." "What color is this?" "This is red." "What fruit is this?" "This is an orange."
6	5	○ Greeting and Number ・簡単な自己紹介をする。 ・ゲームをしながら数字に親しむ。	○みんなで歌を歌う。 "If You're Happy and You Know It" ○ALTの質問に答えながら自己紹介をする。 "What color do you like?" "I like green." "What sport do you like?" "I like baseball." "What food do you like?" "I like hamburger?" ○カードを使って数字の発音を教えてもらう。 one, …, twenty ○英語で天国と地獄ゲームをして遊ぶ。
	6	○ Let's Play Sports! ・ALTといっしょにスポーツを楽しむ。	○フォークダンスを教える。 ・ペアの相手に英語であいさつをしながら、いっしょに踊る。 ○ドッチボールをする。 ○応援の仕方を教えてもらう。 ○ALTに感想を話してもらう。
	7	7	○ Let's Enjoy Card	○みんなで "If You're Happy and

第2章 英語活動の授業案と年間プランの立て方 ―― 101

			Game! ・英語で感情を表現しながら，カードゲームを楽しむ。	You Know It" を歌う。 ○簡単な質問に答える。 　"How are you today?" 　"I'm fine." (sleepy, hungry, tired, . . .) ○英語で色と数字の発音を復習する。 ○感情を表わす言葉を教えてもらう。 　「やったあ」"I did it!" 　「しまった」"Oh, no!" 　「すごい」"Great!/Nice!" 　「すてき」"Wonderful!" 　「かわいそう」"That's too bad." 　「かっこいい」"Cool!" ○英語を使ってカードゲーム（ウノ）をして遊ぶ。
2	9	8	○ Let's Play Twister Game!	○みんなで歌を歌う。 ○いろいろな形の発音を教えてもらう。 　star, square, triangle, diamond, circle ○ゲームをする。 ・手や足を言われた形のところに置いていく。 　"Put your right hand on the star." 　"Put your left foot on the circle" ・ゲームの感想を言う。
	10	9	○ Asking the Way	○みんなで歌を歌う。

102 —— 第2部　英語活動の実践例

			・英語で道案内をしながら，ゲームをする。	○道案内に使う言葉と建物の発音を教えてもらう。 　go straight, turn right, turn left, school, hospital, station, bank ○英語を使って道案内の寸劇をする。 　"Excuse me. Where is a station?" 　"Go straight and turn left." 　"Thank you very much." 　"You are welcome."
	11	10	○ Let's Cook! ・料理の準備をする。 ・簡単な英語を使いながらみんなで料理を作る。	○交流広場で何を作るか計画を立て，材料や用具などの準備をする。 ・野菜などの発音の仕方を教えてもらいながら，みんなで作る。 ・ALTと会話しながら，楽しく食べる。
	12	12	○英語に親しむ。 ・日本の遊びを教えてあげる準備をする。	○ TV「えいごリアン」を視聴する。 ・英語の歌を練習する。 ・ALTに教えてあげる遊びを，グループごとに考え準備をする。
		13	○ Let's Play Japanese Game! ・ALTに日本の遊びを教えてあげる。 ・みんなでいっしょに楽しく遊ぶ。	・みんなで歌を歌う。 ・グループごとに日本の遊びを紹介して，ALTといっしょに遊ぶ。 ・ALTにアメリカの遊びも教えてもらう。 ・ALTに感想を話してもらう。
3	1	14	○英語に親しむ。 ・英語の歌を覚える。	○ TV「えいごリアン」を視聴する。 ○英語の歌を練習する。

				・みんなで歌を歌う。
		15	○自分たちの作ったスキットを楽しもう。	○あいさつスキットをする。 ・自分たちが考えたスキットを，グループごとに練習する。 ・グループのスキット発表会をする。 ○ALTと簡単なゲームをする。
2	16		○今までの復習をしながら英語に親しむ。	○TV「えいごリアン」を視聴する。 ○あいさつをしたり，今までに習った言葉を練習したりする。
	17		○ One hamburger, please. ・英語を使ってハンバーガーショップで買い物をする。	・品物の発音を教えてもらう。 ・英語の単語ビンゴをする。 　"Hamburger and cola." 　"Apple pie and shake." 　"Bingo!" ・注文の仕方を教えてもらう。 　"Hello. May I help you?" 　"Yes. One hamburger and one cola, please." 　"Here you are." 　"How much?" 　"Two dollars, please." 　"Thank you." ○客や店員になって買い物をする。
3	18		○お別れパーティーの準備をする。	・今までの感謝の気持ちを込めて，楽しいパーティーになるように計画を立てる。 ・ゲームや出し物，カードなどを考え，準備をする。

	19	○お別れパーティー。 ・みんなで楽しくパーティーをする。 ・感謝の気持ちを伝える。	・みんなで歌を歌う。 ・グループごとに出し物をする。 ・みんなで楽しくゲームをする。 ・1年間の感想やお礼の言葉を言う。 ・ALTの話を聞く。

2-2 B小学校の年間活動計画

▶ 6年生年間指導計画 (10時間)

月	学習活動概要	月	学習活動概要
4月	・初対面のあいさつ ・名前の言い方 ・友達／家族の紹介の仕方 ・歌 "Are You Sleeping" ・ゲーム	10月	・あいさつ（年齢，兄弟の有無をいれて） ・自分たちが考えたスキットの練習。 　a：算数の時間の会話 　b：電話で遊びに誘う 　c：忘れ物を友達に借りる ・「サイモンセッズ」ゲーム
5月	・4月のスキットの復習 ・1～12までの数 ・歌 "Ten Little Indians" ・数字ビンゴ・動物の鳴き声ゲーム ・あいさつ／年齢の言い方	11月	・「サイモンセッズ」ゲーム（体の部位，動作） ・「好きですか」を使って質問。 ・ぬり絵ビンゴ 　The shoes are blue.
	・1～12までの数 ・歌 "Ten Little Indians"		・「好きですか」を使って質問。

6月	・食べ物の言い方 ・複数形の言い方 ・注文ビンゴゲーム ・ファーストフードでの注文の仕方	12月	・オーストラリアの学校生活を聞く。 ・クリスマスソングを歌おう。 ・"What's the time?"ゲーム（「だるまさんが転んだ」）
7月	・あいさつ／年齢の言い方 ・出身地の質問 ・スポーツ名を覚える ・好きなスポーツの聞き方・答え方 ・スポーツビンゴ ・遊びの誘い方	2月	・カナダの冬の生活やオリンピックについて聞こう。 ・色に対するカナダ人のイメージを当てよう。 ・道案内クイズとスキット ・「ドレミの歌」を歌おう。
9月	・カナダの小学校 ・ファーストフードでの注文の仕方 ・アメリカ・カナダのお札 ・please の大切さ ・「シャーク・アタック・ゲーム」		

2-3 C小学校の年間活動計画

（p. 118 対向の折り込みページを参照して下さい。）

3 年間を通した授業展開例と「授業ノート」から

3-1 4月——6年生「英語活動」授業案（第1回）

ALT：スサナ（オーストラリア）

1. 題材名：「初対面のあいさつ」
2. 目標：
   ○初対面のあいさつと自分・友達・家族を紹介する会話を知る。
   ○目を合わせてしっかり話す。
   ○相手の名前をつけて会話する。
3. 本時の展開：

	学 習 内 容 と 活 動
基本	○スサナ先生を紹介・スサナ先生の自己紹介。 ○初対面のあいさつを交わす。 　Hello, my name is Makoto. 　I'm from Japan. 　Nice to meet you, スサナ. ①2人組で初対面のあいさつの練習をする。（スサナ先生と自分の役に分かれて） 　自分：Hello, my name is ○○.　I'm from Japan. 　　　　Nice to meet you, ○○. 　先生：Hello, nice to meet you, too. ②スサナ先生とやってみよう。
発展	○スキット：駅にスサナ先生を迎えに行く場面。（担任とALTでスキットの見本をやってみせる） 　Makoto：Hello, my name is Makoto. 　　　　　Nice to meet you, スサナ.

	スサナ ：Nice to meet you, too, Makoto. Makoto：This is my friend, Yoko. Yoko　：My name is Yoko. Nice to meet you, スサナ. スサナ ：Nice to meet you, too, Yoko. ○友達紹介を家族紹介にかえて，何度も練習する。 　（　）を兄弟・姉妹・父母に入れかえて練習し，発表し合う。 　This is my (brother), (Makoto). 　　　　sister/mother/father など。
歌	○英語の歌 "Are You Sleeping" 慣れたら輪唱で歌う。 グループごとに発表し合う。

【授業ノートから】

　本時のねらいは，クラスの子どもたち全員に，何らかの形でALTと直接関わりを持たせることにある。英語表現を覚えることも大切なことであるが，子どもたち一人ひとりがALTとゆっくり交流できる場面を作るようにした。あいさつを交わす，握手をする，スキットを演じてみる，歌で発表し合うことなど，子どもたちそれぞれが，自分達ができそうな場面で関わりを持とうとする様子がうかがえた。特にALTとの最初の出会いで，担任がクラスの緊張感を解いてやると，その後の学習活動もスムースに進んでいくようだ。

　子どもたちは，ALTが指摘した，あいさつの時の目線や笑顔の大切さ，握手の握り方，一人ひとりに "Good!" と声をかけ誉めたことなど，子どもらしい感性でしっかりと吸収していた。

　子どもたちの感想や事後評価から，34名中32名が，「とても楽しかった」，「英語がこんなにも楽しいとは知らなかった」，「英語塾の授業より楽しい」，「週に2回ぐらいやってほしい」，「もっと長く授業をしてほしい」といった声がきかれた。特に，子どもた

ちが喜びに感じたのは，自分がALTと直接話しができたことであった。一方，「ALTと話すときが一番緊張する」とも答えている。ALTの会話の場面で，「進んで手をあげることができなかった」子が13人いた。また，1度ALTと会話をした子は，「もっと話をしたかった」と述べている。

今回は，1時間の授業の中でALTと会話ができるようにした。英語を使っての会話の学習ではあるが，それ以上にALTから学んだ英国人の生活・文化も子どもたちの印象に残ったようだ。人と接する時のマナーの違いや身振り手振りの違いを発見できたことも貴重な経験となった。

3-2　5月——6年生「英語活動」授業案（第2回）

ALT：アレックス（イギリス）

1. 題材名：「数を覚えよう／動物の鳴き声くらべ」
2. 題材の目標：
   ○1～12までの数を使って会話を楽しもう。
   ○日本とイギリスでは，動物の鳴き声の表現に違いがあることを知ろう。
   ○目を合わせて会話する／please の大切さを知ろう。
3. 本時の展開：

	学 習 内 容 と 活 動
復習・紹介	○4月のスキットの復習をする。 　Makoto　：Hello, my name is Makoto. I'm from Japan. Nice to meet you. 　アレックス：My name is アレックス. I'm from England. Nice to meet you, too.

	Makoto ：This is my (friend), Yoko. Yoko ：My name is Yoko. Nice to meet you, アレックス． アレックス：Nice to meet you, too. ○アレックス先生とイギリスの紹介。
基本	○1～12までの数を覚えよう。 ・数字カードに合わせて数の練習をする／発音を丁寧に知らせる。 ・英語の歌 "Ten Little Indians" を歌おう。 ・1～10の発音に慣れる。慣れたら輪唱で遊ぼう。
ゲーム	○「動物の鳴き声」バスケット・ゲーム ・5つ程度の動物の鳴き声を比べる。 ・日英の動物の鳴き声の表現の違いを知り，ゲームをする。 ・「フルーツバスケット」の要領で遊ぶ。 ・鶏・豚・牛・猫・犬程度の単語と鳴き声をしっかり覚えてから，ゲームを楽しむ。 　オニになった人は，動物名を言う。該当の子は動物の鳴き声を言い，席を替える。 雄鶏（hen）cock-a-doodle-doo　　馬（horse）neigh 豚（pig）oink-oink　　　　　　　蛙（frog）croak 雌牛（cow）moo-cow（moo-moo）　犬（dog）bowwow 猫（cat）mew-mew　　　　　　　子羊（lamb）baa-baa

【授業ノートから】

　英語活動の授業実践の展開にあたっては，いろいろな国の人々との交流体験をすることを通して，異文化理解と異文化から触発された自国文化の再発見もねらいの1つと考えた。

　第1回と第2回の授業ではイギリス人の ALT であったが，子どもたちは授業で出会う1人の ALT の個性をその国全体の国民

性ととらえる傾向が強い。同じ国の人間でも,一人ひとり個性が違うことをおさえておかないと,ステレオタイプを助長しかねない。

第3回の授業以降は,オーストラリア人,アメリカ人,カナダ人を予定している。年間を通して同じALTとの英語活動を継続していった方が子どもたちもALTに慣れ,安心して学習に臨めるのか,あるいはさまざまな国の人々との交流の中から異文化を感じ取らせることを優先すべきなのかを今後は探ってみたい。

本時の授業では,コミュニケーションを中心とした英語活動の中に異文化理解の要素が自然な形で入るように計画を立てた。国によって動物の鳴き声の聞こえ方が違うことに着目し,その国やその地方によって,物事に対する感じ方に違いがあることに気づかせたいと考えた。また,本時からALTを給食時に教室に招いて,子どもたちと一緒に食事をしながら交流する活動も取り入れた。

ある子どもは,「今日の授業で一番興味を持つことができたのは,動物の鳴き声。ふだん何気なく『ワンワン』『ブーブー』とか言っているのに,イギリスでそれを伝えようとすると,無理なのだ。それほど,イギリスと日本とは,何かを見てそれの感じ方が違うことがわかった。私は,イギリスの人たちにも日本語の鳴き声を教え,感じ方について知ってもらおうと思った」という感想を残している。

3-3 6月——6年生「英語活動」授業案(第3回)

ALT:ナタリー(オーストラリア)

1. 題材名:「数の言い方になれる/買い物をしよう①」
2. 題材の目標:

○数や食べ物・飲み物の名前を使ってゲームをしたり，注文したりしよう。
○目を合わせて会話する／please をつけるのになれる。
○英語には単数と複数の言い方があることに気づく。

3. 本時の展開：

	学 習 内 容 と 活 動
あいさつと復習	〈あいさつ〉 〈ショートスキットの復習／年齢の言い方〉 　子ども：Hello, my name is ○○○. Nice to see you. 　ALT　：Nice to see you, too. How old are you? 　子ども：I'm eleven (twelve) years old. ・ALT といっしょにやってみる。(会うのは 2 回目なので meet を see に変えることを知らせる) 〈数字の言い方を覚える〉 ○1〜12の数字の言い方をカードを使ってくりかえし覚える。 ○歌 "Ten Little Indians" を歌って楽しむ。輪唱を楽しむ。 ・"ten Indians" のように複数になる場合は，「ス」や「ズ」や「イズ」がつくことを知る。 ・カードを使って，1つの時と複数の時の言い方になれる。
今日の基本	〈食べ物や飲み物と数字の聞き取りビンゴ・ゲーム〉 　（縦軸）食べ物・飲み物…コーク，オレンジジュース，チップス，ハンバーガー，アップルジュース，マックシェーク，ソフトクリーム 　（横軸）数字……1〜7の数 ・ALT が，出題者になる。 〈スキット「マクドナルドで注文をしよう」①〉 　（ALT と担任で見本をしめす） 　A, B：Hello! 　ALT：May I help you?

> A　　：Two cokes and three hamburgers, please.
> B　　：One orange juice and two chips, please.
> ALT：Here you are.
> A, B：Thank you. Good-bye.
>
> ＊絵カードや実物を用意する。
> ＊家族や友達と行ったと仮定して，複数注文する。
> ＊飲み物と食べ物を1種類ずつ注文する。
> ＊今回はお金は使わない。

【授業ノートから】

　今回は，数字を使った英語活動の展開を考えた。6年生の年齢でもある12までの数をもとに，年齢の言い方や数を使ってファーストフードで注文をすることなど，スキット練習を通して学習した。

　数を使う時には，複数形をどのようにして扱うかということに苦慮した。単数形・複数形にこだわり過ぎれば，学習が子どもたちにとって難解になり「英語は難しい」と感じてしまうのではないかという不安があった。しかし，そこが英語文化と日本語文化の違いを理解させるポイントでもあると考えた。数を曖昧にしても通じる日本語文化と合理主義の英語文化は，数に対する考え方にも現れていると考えることができる。

　また，会話のはじめに"Please"をつけることによって，命令的な口調から，一転して丁寧な言い方になることも理解できたようだ。そうすることによって，数少ない単語でも会話ができ，コミュニケーションが成立することになる。

　「マクドナルド」での買い物を題材としたのは，世界各国どこでも共通化していること，簡単な会話で注文できることなどから，子どもたちもより実用的であると感じ，意欲的に取り組めるのではないかと考えたからである。

3-4　7月——6年生「英語活動」授業案（第4回）

ALT：ジョン（アメリカ）

1. 題材名：「ジョン, what sport do you like?」
2. 題材の目標：
   ○好きなスポーツを伝える／I like football. の言い方になれよう。
   ○友達を遊びにさそう言い方を知ろう。
   ○目を合わせて会話する。相手の名前を入れて会話しよう。
3. 本時の展開：

	学 習 内 容 と 活 動
復習とあいさつ	①ジョン先生といっしょにあいさつのスキットを楽しむ。 　子ども：Hello, my name is ○○○. Nice to meet you. 　ジョン：Nice to meet you, too. How old are you? 　子ども：I'm eleven (twelve) years old. Where are you from? 　ジョン：I'm from America. (I come from America.) ②ジョン先生の自己紹介。（兄弟や家, 学校の紹介も含む）
基本とゲーム	〈"What sport do you like, ○○○?" "I like (football)." の言い方〉 ③スポーツのいろいろを覚える（サッカー, 野球, テニス, バスケットボール, スイミングなど）。 　絵カードを用意する。 ④ミニ・スキットを全員とやろう。 　ジョン：What sport do you like, ○○○? 　子ども：I like (football). ⑤伝言リレー（④のミニスキットを隣りに伝えながら練習する） ⑥ゲーム　スポーツビンゴ 　縦と横軸にいろいろなスポーツを入れてゲームを楽しむ。

	子ども：ジョン，what sport do you like? ジョン：I like (football and skiing). ＊役割を変えて楽しむ。
今日のスキット	〈スキット "Let's play football"〉 　子ども：Hello, ジョン． 　ジョン：Hello, ○○○． 　子ども：Do you like (football)? 　ジョン：Yes, I like it (very much). 　子ども：Let's play (football). 　ジョン：Yes, good idea! ＊スポーツ道具を用意しておく。(グローブ，ラケット，バスケットボール，バドミントン) ＊ジョンと担任で見本を示す。 ＊会話の後，道具を使って寸劇風に2人で遊ぶ。(相撲をしたり，キャッチボールをする)

【授業ノートから】

ここでは，子どもたちとALTがいっしょに楽しめる「スポーツ寸劇」を取り入れた。学級の実態によって，歌の好きな学級，表現活動の好きな学級といろいろあるであろう。本学級は6年生ではあるが，低学年の子どもたちが好むような表現活動も大好きで，照れずにできるところが長所である。そこで，表現活動を授業の中に効果的に取り入れるように考えた。異文化の「香り」と英語会話と身体表現を入れた活動として，スポーツ用具を用いた「寸劇」がそれである。

グローブ，ボール，ラケットなどのスポーツ用具を準備しておいたが，ことばによるコミュニケーションを補うものとして，ALTも子どもたちも上手に活用していた。具体物があるとそこから会話が自然と広がるものである。

「サッカー」ということばでは通じない国があり，世界的には「フットボール」ということばの方が通じることも教わった。また，相撲・柔道は，外国でも「スモウ」，「ジュウドウ」で通じることにも驚いていた。

　ALTとの英語活動を継続することによって，ALTに対する緊張も和らいでいくようだ。その分，ALTをしっかり観察する余裕も現れはじめた。例えば，アメリカ，オーストラリア，イギリスでは，発音が少し違うことに気づき始めた子どももいる。

　相手の目を見て話すことや，相手の長所を見つけてほめるALTの態度にも好感をもっているようだ。

　名前を呼び合って会話をするとお互いの気持ちが通じ合い，親近感が増すことなど，コミュニケーションを図る上での大切な条件を子どもたちはさまざまな角度から吸収していた。

3-5　9月——6年生「英語活動」授業案（第5回）

ALT：クリントン（カナダ）

1. 題材名：「ハンバーガーをください…カナダの夏休みを知る／買い物をしよう」
2. 本時の目標：

　○カナダの子どもたちの夏休みについて聞こう。

　○数や食べ物・飲み物の名前を使って買い物ごっこを楽しもう。

　○目を合わせて会話する／please をつけて話そう。

3. 本時の展開：

	学習内容と活動	支　援
復習	〈あいさつ：ショートスキット〉 　子ども：Hello, my name is ○○○.	・ALTの方から子どもの方に寄っていき，

	Nice to meet you. ALT : Nice to meet you, too. How old are you? 子ども : I'm eleven (twelve) years old.	気分をほぐす。
聞く	○クリントン先生の自己紹介。 ○日本語で質問し英語を聞き取る。 （上記2項目それぞれ5分程度） ・カナダの子どもたちの夏休みや学校について、「何をして遊んでいるのだろう／宿題はあるのかな／どのくらい休むのかな」。	・事前にカナダの学校や夏休みについての質問を考えておく。（今年の夏にカナダに行った子の話をもとにして）
今日のスキット	〈スキット「マクドナルドで注文をしよう」②〉 A,B : Hello! ALT : May I help you? A　 : Two cokes and three hamburgers, please. B　 : One orange juice and two chips, please. ALT : Here you are. Five dollars, please. 　　　 And three dollars, please. A,B : Here you are. ALT : Thank you. Good-bye. A,B : Good-bye.	・ALTと担任で手本を示す。 ・絵や実物を用意する。 ・pleaseをつけることの大切さを助言する。 ・アメリカドルやカナダドルを手にとって確かめる。 ・アメリカとカナダの紙幣にはワシントンやエリザベス女王の顔が使われていることなどに触れる。
ゲーム	〈シャーク・アタック・ゲーム〉 ・シャーク，ドルフィン，オクトパスの絵を用意し，アトランダムに「○○	・あいさつやスキットに参加できなかった子はこのゲームで指名し

アタック」と言う。「シャーク・アタック」と言われた時だけフラフープでつくった島に逃げる。両足入っていた人だけセーフ。アウトの子はぬける。どんどん島の数を減らしていく。最後に残った人が勝ち。 　ALT：Swim-swim-swim, shark attack. 　　　　Swim-swim-swim, dolphin attack. 　　　　Swim-swim-swim, octopus attack.	たい。 ・日本の椅子取りゲームと似たゲームであることに気づくようにしたい。 ・オーストラリアのALTに紹介してもらったものであることも告げる。

【授業ノートから】

「ぼくは，クリントン先生に個人的に教えてもらった時，とても優しいんだなと思いました。こういう先生がいるから，ぼくは英語が好きなんです。」

「ハンバーガーとコーラで3ドルなのに，先生が5ドルなんて言ったものだから，とてもびっくりしました。自分では，あれ？と思ったけれど，すぐに分かって『ノー』と答えました。先生は，分かってやっていたんだけど，実際にもそういうことはあるかも知れないので，勉強になりました。」

こうした子どもたちの感想にも表われているように，ALTが外国人であることを忘れて，友だちのように接している。これは，ALTの人柄によるところが大きいが，ALTと担任との事前の打ち合わせが十分で，授業がねらい通り展開されていることを意味している。

この授業で効果的であったのは，本物の紙幣を使ったことである。ワシントンやリンカーンの顔のこと，カナダの紙幣にはイギ

[C小学校の年間活動計画]

回	月	ねらいと基…	基本用語（インタラクション以外に使用の英語）
1	4	「はじめましてジャッ… 初めて会うALTと… し、コミュニケーショ… れる。 "Nice to meet you…	tomato, apple, banana, strawberry, grapes, orange, ice cream, paper, scissors, rock Good-bye., See you again.
2	6	「ようこそクリフォー… ふだんのあいさつ… く英語の言い方を知り… ながら会話する。 "How are you?" "I'm fine."	head, shoulders, knees, toes, eyes, ears, mouth, nose
3	9	「友だちに英語でた… 簡単な質問文を使… ALTと会話し，楽し… "Do you like base… "Yes, I do."	cycling, diving, fencing, gymnastics, hockey, judo, long jump, marathon, rowing, synchronized swimming, triathlon, volleyball, weightlifting
4	10	「ハロウィン・パー… フェイス・ペイン… に髭や眼鏡を描いて，… ターに「変身」して… "I'm a cat." "I like… "Please give me m…	globeとgloveの発音の違いに気づく。globe（地球儀），glove（野球のグローブ），glove（ボクシングのグローブ），glove（手袋） hamburger, fried chicken, potato
5	12	「ALTと楽しいパー… ALTとクリスマ… して楽しむ。 "Do you want Poo… "Yes, I do."	「くまのプーさん」に登場するキャラクターの名前：Christopher Robin, Tigger, Rabbit, Piglet green, red, gold, star, bell, stocking
6	2	「カフェテリアごっ… カフェテリア・ショ… になって買い物ごっ… "Two cookies, ple… "Here you are."	カフェテリア・ショップのメニュー：orange juice, home pie, *osenbei* 本物のクッキー，ジュース，ホームパイ，お煎餅を準備した。

リスのエリザベス女王が使われていることが不思議であったようだ。「本物のお金を使って買い物をしたから，本当の買い物より楽しかったです」とは子どもたちの声。やはり，できることなら本物の紙幣を使いたいものである。子どもたちは，教師側が予期しないことを「本物」から発見するものである。そこには，異文化に対する子どもたちなりの鋭い視線が感じられる。

　子どもたちは，今回のスキットが有用で利用価値が高く，実際の場面で使える英語だと感じているようである。「世界中どこでもマクドナルドがあるので，かならず覚えておこうと思った」といった感想が多かった。日常的な場面設定で，子どももそういう場面に出会うことが予想されるスキットをこれからも用意する必要があると感じた。

3-6　10月──6年生「英語活動」授業案（第6回）

　　　　　　　　　　　　　　　　　ALT：ウィリアム（アメリカ）
1. 題材名：「自分たちの作ったスキットを楽しもう」
2. 本時の目標：
   ○ ALTとのふれあいを通して，自分たちがつくったスキットを楽しく演じよう。
   ○ 日常使う簡単な会話でも，日米の間にはいろいろな違いがあることに気づく。
3. 本時の展開：

	学習内容と活動	支　援
復習・紹介	〈あいさつ：ショートスキット〉 　ALT：Hello, nice to meet you. What's your name?	・初対面の先生に積極的にあいさつできるように期待を高めておく。

	子ども：My name is ○○○. Nice to meet you, too. ALT　：How old are you? 子ども：I'm eleven (twelve) years old. ALT　：Do you have brothers or sisters? 子ども：I have one brother. ○ウイリアム先生の自己紹介と質問。	・アメリカの地図を用意する。
今日のスキット	○自分たちの考えたスキットをグループごとに練習しよう。 ・8グループ（各4人ずつ）。2人組になって練習する。 ・スキット例は3例。 ①電話で遊びにさそう…電話のいろいろに発展 ②忘れ物を借りる…学用品に発展 ③算数の問題を教えてもらう…教科名に発展 ・グループのミニ発表会をする。	・ALTは事前に4例についてカセットテープに吹き込んでおく。 ・グループごとにテープを使って練習できるようにしておく。 ・ALTは机間を回って個別指導する。
ゲーム	〈Simon Says Game〉 ・目，鼻，耳，頭，顎，ほおの呼び名を何度も聞いたり言ったり練習する。 ①となり同士で試しにやってみる。 ②ALTの命令にあわせてゲームをする。 ③友達の命令にあわせてゲームをする。 Touch your mouth. / Touch your ears. / Touch your eyes.	

| | Touch your nose. / Touch your head. / Touch your chin. | |

スキット① 遊びにさそう(電話で)

A: Hello, this is Makoto speaking.
B: Oh, hello! Makoto.
A: What are you doing now? Are you free?
B: Yes. What's the matter?
A: I got a new TV game.
   Do you want to try it togther?
B: Great! I am coming soon.

スキット② 忘れものを借りる

A: Oh-oh, I left textbooks at home.
B: What textbooks did you leave?
A: Japanese, math, science, and music.
   You are a good friend.
B: OK. Please use my books.
A: You are the best friend.
B: Yes, of course. One dollar each, please.

スキット③ 答えを教えてもらう

A: Makoto, can you solve this problem?
B: Yes, of course.
A: Please tell me how.
B: No.
A: Please.
B: OK. $100+200=300$
A: Thanks a lot.

【授業ノートから】

　今までのALTを迎えての授業は，同じ題材を皆が一斉に学習する形態であった。今回は，部分的ではあるが，子どもたちが授業内容を構成する場面を考えた。これまでにもスキット表現を経験しているので，はじめに子どもたちがやってみたいスキットを日本語で各自が作成し，次にできあがったスキットを4つに集約し，各グループに選択させた。その後でALTが英語になおしてテープ録音したものを授業の開始前に再生し，テープによる会話練習に使用した。微妙な発音やイントネーションは，授業時間の中でALTに詳しく教えてもらうようにした。

　長いスキットではあるが，子どもたちの意欲は継続するのか，カセットテープの音を聞き取れるか，今までのように，ALTと向かい合っての授業から，ALTが側にいて教えてもらう効果はどのようなものか，こうした課題をもって授業に臨んだ。

　結果は，やはりスキットの英語表現が長すぎたようだ。もっとリズミカルで短いセンテンスに絞るべきであった。また，テープ作りの段階で録音に工夫が必要であり，強弱，間などをはっきりさせることが大切であるとわかった。

　スキット学習については，おおむね好意的に受け止められていた。特に，子どもにとって身近な内容であったことが，「もしかしたら，いつか使えるのではないだろうか」という期待を抱かせた。また，「このスキットは，ぼくたちが作ったんだ」という思いが自信にもつながっていったようである。

　子どもたちの自発的な活動を増やすために，またALTとの個別的な交流の場を設定するためにグループ学習の形態をとったが，検討の余地があると感じた。

3-7　11月──6年生「英語活動」授業案（第7回）

ALT：ウィリアム（アメリカ）

1. 題材名：「色を使ったゲームをやろう」
2. 本時の目標：
   ○いろいろなゲームを，英語を使って楽しもう。
   ○日常使う簡単な会話でも，日米の間にはいろいろな違いがあることに気づく。
   ○カタカナ英語から語彙をふやせることを知ろう。
3. 本時の展開：

	学習内容と活動	資料と支援
ゲーム	〈Simon Says Game〉（体全体に広げる） ①頭，顔，肩，胸，脚，膝にタッチするゲーム。 (Simon says) touch your legs. (head, shoulder, chest, knee) ②行動を要求するゲーム。 ・座って，立って，手をたたいて，目を閉じて，手を挙げて。 (Simon says) stand up. (sit down, clap your hands, close your eyes, raise your hand, open your eyes, put down your hand) 　なれてきたら児童が命令者にかわる。	・慣れてきたら部位を増やしていく。 ・動詞も少しずつ増やしたい。
聞いてみよう	○「〜は好きですか？」を使って，ALTにいろいろ質問しよう。 （例）子ども：What (color) do you like?	・発言する態度を育てたい。 ・（　）の中のことばは，各々事前に知らせ

	ALT : I like yellow. （　）の中を変える…スポーツ（sport），教科（subject），食物（food），飲物（drink），果物（fruit），季節（season），タレント，映画，花，動物，ペット，日本食，国，天候など。和製英語でも通じそうなものは使ってみる。	ておく。 ・全員が発表する。
色ぬりをしよう	①「ぬり絵ビンゴ」<table><tr><th></th><th>赤</th><th>緑</th><th>青</th><th>黄</th><th>黒</th></tr><tr><td>帽子</td><td></td><td></td><td></td><td></td><td></td></tr><tr><td>靴</td><td></td><td></td><td>★</td><td></td><td></td></tr><tr><td>ズボン</td><td></td><td></td><td></td><td></td><td></td></tr><tr><td>ジャケツ</td><td></td><td></td><td></td><td></td><td></td></tr><tr><td>犬</td><td></td><td></td><td></td><td></td><td></td></tr></table>★ The shoes are blue. ②自分の着ている物を言ってみよう。 　（例）My pants are blue. 　何と言っていいか分からない洋服は，質問する。Tシャツ，スウェットシャツ，ショーツ，スカートなど。	

【授業ノートから】

今回の授業構成は，①体の部位を使った"Simon Says Game"を通して，体の各部位の名称を知ること，②質問を通してALTの人柄を知ること，③色と組み合わせて洋服などの名称を知ること，の3点をねらいとした。特に今回は，"What ～ do you like?"を使って，自分の聞きたい内容を自分で考え，全員が「発信者」になることに重点をおいた。

子どもが英語でたずねることができるのは，"What (sport) do you like?" 程度なので，これを例文として，（　　）の中の単語を子どもたち一人ひとりが換えて質問してみることにした。全員が異なる内容を考えるのは難しかったが，子どもたちの努力もあり，授業の前にはALTに質問する英文を全員が用意できた。

　（　　）の中の単語は，食べ物，飲み物，スポーツ，動物，植物，花，日本食，魚，果物，教科，音楽など，子どもたちがお互いに相談しながら考えていた。その中で，好きなタレントや映画，日本のテレビ番組など，子どもたちが好む話題も出てきて会話も盛りあがった。「スター・ウォーズがアメリカでも人気なんだな」，「自分の知っているタレントだ」といったつぶやきも聞こえ，新しい発見と共感が生まれ，発展性のある学習ができた。

　（　　）の中は，子どもたちが知っている「カタカナ英語」がほとんどであった。子どもたちからみれば，自分たちの「カタカナ英語」がALTに通じるかどうか，とても不安であったようだ。その心配をよそに，「発音なんかめちゃくちゃで，英語が全然わからない僕らの英語がこんなに通じるなんてびっくりした」という感想を持った子どももいた。自分たちが普段使っていることばには英語が多いことに気づいた子，英語は世界中に広がっていることを感じ取った子など，子どもたちはさまざまな「発見」をしていた。

3-8　12月——6年生「英語活動」授業案（第8回）

　　　　　　　　　　　　　　　ALT：ナタリー（オーストラリア）
1. 題材名：「オーストラリアの学校生活と遊びとクリスマス・ソング」
2. 本時の目標：

○オーストラリアの学校生活を知り、ゲームを楽しむ。
○クリスマスの歌を歌って楽しむ。("We Wish You A Merry Christmas")
○教科の言い方や「どんな物が好きですか？」の聞き方に慣れる。
○自分の聞きたいことを進んで質問する。

3. 本時の展開：

	学習内容と活動	資料と支援
聞いてみよう	①あいさつ「どんな教科が好きですか」 子ども：Hello, my name is Yuri. Nice to see you again. ALT ：Hello, nice to see you again, too. 　　　　What subject do you like, Yuri? 子ども：I like math and P.E. ②質問しよう「～は好きですか？」 　(例) 子ども：What (color) do you like? 　　　ALT：I like yellow. 　( )の中を変える…スポーツ(sport)，教科(subject)，食物(food)，飲物(drink)，果物(fruit)，季節(season)，タレント，映画，花，動物，ペット，日本食，国，天候など。 　・好きな物から話題を広げていく。 ③オーストラリアの学校生活について	・全員が発表する。 　国語　　音楽 　社会　　体育 　算数　　図工 　理科　　家庭 ・発信する態度を育てたい。 ・( )の中のことばは，各々事前に練習する。 ・全員が質問する。 ・日本語で質問して英

	聞く。 （例）どんな教科を勉強しているのか／休み時間はどのくらいあるのか／どんなことをして遊んでいるのか／宿題はあるのか／給食はあるのか／遠足はどんな所に行くのか,等々。	語で答えてもらう。難しい場合は通訳する。
歌おう	④歌：クリスマスソング "We Wish You A Merry Christmas" の1番だけを覚える。 ・慣れてきたら，グループ別に輪唱をして楽しむ。 ・時間があったら，グループ練習して発表しあう。	・事前に何度かビデオテープに合わせて練習し，曲になれておく。 ・事前に伴奏できる子に練習させておく。
ゲーム	ゲーム〈"What's the time, Mr. Wolf?"〉 ［ゲームの方法］ 　子どもたちは "What's the time?" とオニに聞く。 　オニは "Two o'clock." などと時間を答える。 　オニが "Dinner time." と言ったら，子どもたちは逃げる。	・日本の「だるまさんが転んだ」に似ている。 ・今回は，ALTの説明に任せてゲームをする。

【授業ノートから】

　ALTとの英語活動の時間では，ゲームをしたいという子どもたちの欲求が高い。そうした子どもの願いを大切にする意味からも，授業の構成にあたっては，歌やゲームのいずれかを組み込むように考えてきた。しかし，ゲームを取り入れた活動は，時とし

て教室内が騒然としてしまって，聞き取りや語学の学習には不向きな場合もある。ことばやコミュニケーションを楽しむのではなく，ゲームそのものだけに集中してしまうのである。学習活動の中で，ゲームの効果をどのように生かしていくのかをよく考えたいものである。

その一方で，外国の文化を紹介する意味から，ALTの出身国のゲームなどは是非紹介したい。今回の授業で扱った "What's the time, Mr. Wolf?" は，イギリスやオーストラリアで行われている伝統的な遊びである。日本の「だるまさん転んだ」によく似ていて，子どもたちも違和感がなく，すぐに遊びを楽しむことができた。また，遠く離れた国でも，同じような遊びがあることに子どもたちは不思議さを感じるとともに，親近感が沸いてきたようである。前回の英語学習の時間で楽しんだ「シャーク・アタック・ゲーム」も，日本の「椅子取りゲーム」に似ていて，遊びには洋の東西を問わず同じ「心」があるのではと感じていたようである。

これからも，子どもたちの興味や関心が継続していくような遊びやゲームを紹介していきたい。

3-9 2月——6年生「英語活動」授業案（第9回）

ALT：クリントン（カナダ）

1. 題材名：「道案内ゲームを楽しもう」
2. 本時の目標：
   ○カナダの子どもたちの冬の生活や遊びを質問しよう。
   ○自分の聞きたいことを進んで質問しよう。
   ○道案内のゲームやスキットなどをいっしょに楽しもう。
   ○色に対するイメージの持ち方の違いに気づこう。

3. 本時の展開：

	学習内容と活動	資料と支援
聞いてみよう	①あいさつ（今までの復習を交えて，好きなスポーツや年齢等） ②カナダの冬の子どもたちと学校の様子について聞いてみよう。 ・子どもたちの冬の過ごし方（スポーツなど）。 ・カナダの冬の学校の様子（特別な授業など）。 ・雪合戦や雪だるまは何と言うのかな。 ・カナダの人気のある冬のスポーツは何ですか。 ・オリンピックでは何が期待されているのですか。 等々。	・質問事項をまとめておく。 ・ALTはカルガリー出身。
	③イマジネーション・ゲーム（文化によって違いがある色） ALT ：I am thinking of something. (yellow) 　　　　Please guess what. 子ども：Banana, sun, lemon, etc. 　　　　（分からない時に）A hint, please. （例）黄色：太陽，茶色：たまご，黒：バットマン，ピンク：桜の花，緑：葉，等	・英語で言えない物は日本語でもよい。英語に直してもらう。 ・This game will be left in ALT's hands. ・日本人には考えられないような色のイメージがある。

ゲームを楽しむ

④道案内クイズ
 (Direction Game)
- "go straight two brocks", "turn right", "turn left" を使って道案内のゲームをする。
a. ALT の指示で，ある建物の名を当てる。

			駅	
	病院			スーパー
				図書館
S2		本屋		
			バス	警察
	マック			消防署
		S1		

(例) S1：Go straight one brock and turn left at the corner and go straight one brock and turn right at the corner and go straight three brocks. What's there?

　　Ans.：Hospital.（病院）

b. 子どもが出題する。
c. 子ども同士でスキットを練習する。
d. ALT とスキットをする。

- いろいろ変化をつけるために，建物名はマグネット式にしておくと移動できる。

[クイズ表]

	行き先	正解	
1	病院	警察	×
2	マック	マック	○
3	消防署	本屋	×

> ALT: Excuse me. Could you tell me where the bus stop is?
> chi : Go straight three brocks and turn right (at the corner) and go straight two brocks.
> ALT: Go straight three brocks and turn right (at the corner) and go straight two brocks. Thank you.

歌を歌おう	⑤「ドレミの歌」をおそわろう。 Doe, a deer, a female deer, Ray, a drop of golden sun, Me, a name I call myself, Far, a long, long way to run, Sew, a needle pulling thread, La, a note to follow sew, Tea, a drink with jam and bread, That will bring us back to Do, oh, oh, oh. 英語で意味を説明してもらう。 何度も繰り返しまねて練習。	・この時間帯は英語だけの時間とする。 ・ALTの持ち時間とする。 　This song will be left in ALT's hands.

【1年間の英語の授業を終えて・子どもの感想文から】

「外国人の先生と授業をしていると、もじもじとしたり、はっきりしないのが日本人の弱点かなと思う時があった。スサーナ先生にしてもナタリー先生にしてもジョン先生にしても、イエスならイエス、ノーならノーと、なんでもはっきりしていて、こちらもむこうがはっきりと話してくれるから、とても聞き取りやすかったし、理解しやすかった。

　日本人の場合なら、『〜なの？』聞かれても、『う〜ん。』と首をかしげたりしながらごまかして、最終的にはてきとうで、答えが出てこない。このような日本人は、なにか外国人に比べれば、ちまちましているなと思った。でも、そんな時、ALTの先生は、『相手の目を見て自信をもって言ってみなさい』といってくれる。たしかに、私たちは、英語がしゃべれないから自信がなくて、『えっと。』とつっかかりながら下を向いてしゃべってしまう。握手をするときも、はずかしくて下をむいたりしてしまう。もしこ

のようなことを外国で外国人がやったなら，相手は『私のことがいやなのかな，きらいなのかな』と思ってしまう。

だから私たちが先生と授業している時も，スマイルで明るく話したり，握手をしなければ，一部の人を見ただけでも，日本人でもじもじとしていやなふんいきだなと思われてしまう。

また，ALTの先生を見て，アメリカやオーストラリアなどでは，しゃべる時，20％は手や目で話しているなと思った。目でうったえるように話し，手でしぐさをしてみたりと，聞いている方も楽しい。日本人はこのようなことを外国に学ばなければいけないんだと思った。そして，これからも英語の授業を続けて堂々とはきはきとしゃべれる練習をしていこうと思った。」

4 まとめ——アンケート調査結果から

4-1 A校の場合

ALTとの英語活動が始まる前と後では，子どもたちの意識に変化が見られる。それは，外国人とのコミュニケーションに関する設問（表1）で，「絶対できる」，「たぶんできる」の人数が増加していることからも分かる。

また，「英語を習いたいと思いますか」との設問に対しては，7割近くの子どもたちが，これからも継続して英語を学びたいと考えていることが分かる。月1回程度の数少ない英語活動の取り組みにもかかわらず，外国人とコミュニケーションできたこと自体が貴重な体験となったようだ。

ALTとの英語活動を体験した子どもたちは，その後どのような意識を持つようになったのだろうか。小学校6年生の1年間で，

表1 「あなたは次のことがどのくらいできると思いますか」 (%)

	調査時期	絶対できる	たぶんできる	たぶんできない	絶対できない
外国の子と友だちになること	1998年4月	24.3	45.3	22.3	8.1
	1999年1月	27.4	53.5	13.3	5.6

	調査時期	思う	思わない	分からない
英語を習いたいと思いますか	1998年4月	45.3	22.3	32.4
	1999年1月	68.3	9.1	21.8

(調査対象：3年生148名)

ALTとの英語活動を体験した子どもたちが進学した中学校に協力を依頼し，生活や学習についてのアンケート調査を行った。その調査結果の一部が**表2，3**である。(調査対象は中学1年生120名)

表2については，設問に対して「とても好き」から「嫌い」までを5段階に分けた中から選択回答する形式をとった。

「英語活動の経験のある子」の3割近くが「英語の勉強がとて

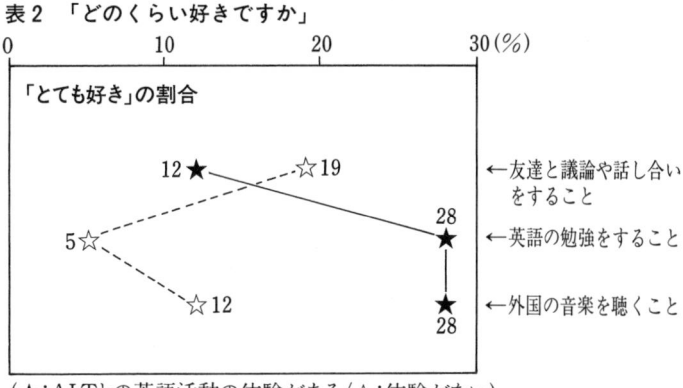

表2 「どのくらい好きですか」

「とても好き」の割合

12★ / ☆19	←友達と議論や話し合いをすること
5☆ / 28★	←英語の勉強をすること
☆12 / 28★	←外国の音楽を聴くこと

(★：ALTとの英語活動の体験がある／☆：体験がない)

も好き」と回答し,「英語活動の体験がない子」と比べて大きな開きが見られた。小学校段階でALTとの英語活動を体験したことのある子どもは,中学校に進んでも英語の学習に対しての意欲が高いことが読みとれよう。また,「外国の音楽を聴くこと」では,「体験のある子」が「体験のない子」をはるかに上回っており,外国文化に対する関心の高さが表われていると言える。

表3は,「英語の勉強はいつから始めたらよいか」との設問への回答である。「体験のない子」は,「小学校高学年から中学校でよい」とするのが大半を占めているのに対して,「体験のある子」は,「小学校低学年あるいは入学前から始めるべき」と考える子が,半数近くいることが分かる。

表3 「英語の勉強はいつから始めたらよいか」

	小学校入学前	小学校1年〜3年	小学校4年〜6年	中学生から
英語活動の体験がある	36%	12%	36%	16%
英語活動の体験がない	15%	20%	35%	30%

調査の対象が限定されているので,断定することはできないが,小学校における英語活動は,「楽しく」,「親しみやすい」内容であれば,早い時期に「英語」と出会った方がよいとする子どもたちの思いが読みとれる。言い換えれば,暗記や反復練習といった負担を取り除けば,外国語の学習は早期に開始してもよいということになる。子どもたちの英語学習への純粋な思いを大切にしながら,計画性を持った活動や指導を心がけていくならば,私たちが展開してきた英語活動は,子どもたちにとって魅力的な学習となるに違いない。

4-2 B校の場合

　課外で英語を習っている子は，かつて習ったことのある子も含めると50％近くになる。また，外国に住んだり旅行で外国に行った経験のある子は45％を超え，海外帰国児童は各学級に平均して，5～6名在籍している。その子どもたちが英語圏からの帰国児童であるかどうかは不明である。

　下の表4は，初めてALTと担任とのティーム・ティーチングによる英語活動を経験した直後の4年生，5年生と，2年間で11回ALTとの授業を経験した6年生との意識の差を比較したものである。

　学年の発達段階の差に負うところもあるが，「英語」に関する

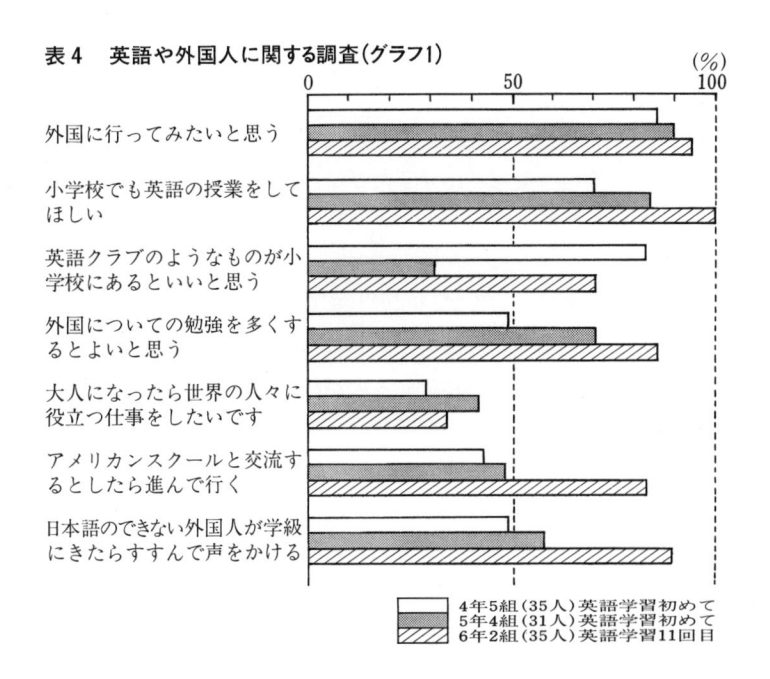

表4　英語や外国人に関する調査（グラフ1）　　　　　　　　　（％）

- 外国に行ってみたいと思う
- 小学校でも英語の授業をしてほしい
- 英語クラブのようなものが小学校にあるといいと思う
- 外国についての勉強を多くするとよいと思う
- 大人になったら世界の人々に役立つ仕事をしたいです
- アメリカンスクールと交流するとしたら進んで行く
- 日本語のできない外国人が学級にきたらすすんで声をかける

　　4年5組（35人）英語学習初めて
　　5年4組（31人）英語学習初めて
　　6年2組（35人）英語学習11回目

意識には大きな違いが見られる。特に，英語を使ってのコミュニケーションを要求されるような現実的な設問では，その差が際立っていた。「アメリカン・スクールと交流するとしたら進んで行く」や「日本語のできない外国人が学級にきたら，進んで声をかける」といった，外国人との直接交流を想定した設問では，大きな開きが見られた。

子どもたちの感想の中で目立っていたのは，「はじめはとてもドキドキしていた」といった感想が圧倒的であったが，11回の英語活動の授業やALTと給食を共にし交流を深める経験を通して，ALTに「気軽に話しかけられるようになった」という感想が多くなってきた。子どもたちの感想にもあるように，「電車の中で出会った外国人にあいさつしたくなった」とか，「道に迷って困っている外国人に英語で教えてあげたい」，「外国のマクドナルドで食べてみたい」などという実践的な気持ちが育ち，外国人との付き合い方に相当な自信をつけていることが分かる。

また，4か国7人の外国人との交流を通して，多くの子が異口同音に「いろいろな人と出会うたびに，世界が広がっていく気がする」という感想を残している。

表5（次ページ）は，英語活動の授業を始めた4月と授業の5回目にあたる7月，および11回目となる3月に実施した調査で，子どもたちの意識の変化を追ったものである。ほとんどの調査項目で，ポジティヴに変化しているのが読みとれる。

調査結果から，小学校の段階では，外国や外国人および英語を学ぶことに対して興味や関心が高いことが分かる。おたがいにあいさつをしたり，電話を使っての寸劇，道案内のゲーム，買い物遊びを通して，子どもたちは英語に対する自信をつけ，授業の中でALTから学んだことを試してみようとする姿勢が感じられた。

多くの子どもたちが，小学校でも，外国人と直接関わりながら，

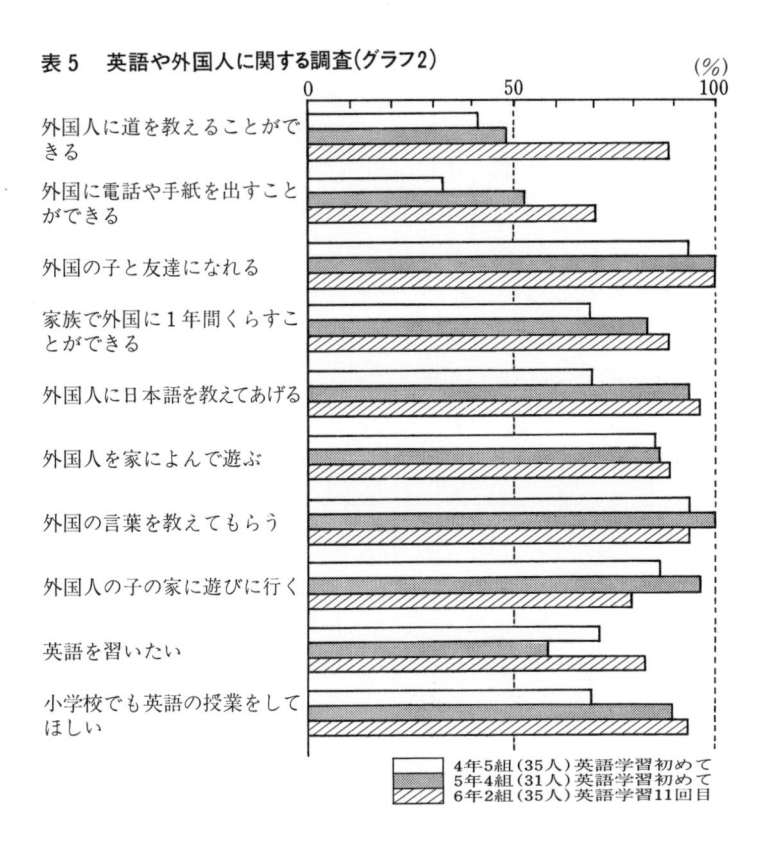

表5　英語や外国人に関する調査(グラフ2)

項目	4年5組(35人)英語学習初めて	5年4組(31人)英語学習初めて	6年2組(35人)英語学習11回目

外国人に道を教えることができる

外国に電話や手紙を出すことができる

外国の子と友達になれる

家族で外国に1年間くらすことができる

外国人に日本語を教えてあげる

外国人を家によんで遊ぶ

外国の言葉を教えてもらう

外国人の子の家に遊びに行く

英語を習いたい

小学校でも英語の授業をしてほしい

英語や外国のことを学習したいと願っているようだ。それは，テープレコーダーやビデオで学ぶ英語とはまったく異なるものと考えられる。

4-3　C校の場合

ALTとの交流を通して，子どもたちの外国人に対する意識はどのように変わったのか，英語活動実施前の4月と1年間の学習

後の3月に調査したアンケートの結果は次のようである。

初めて出会った外国人がALTだったという子が大多数であった。ALTとの英語活動では、はじめは緊張気味で硬い表情が見られたが、学習の回数を重ねるたびに外国人との交流を楽しむ姿が見られるようになった。

そうしたことで外国人を身近に感じ、外国人とのコミュニケーションを尋ねた設問（表6）では、「できる」という意識が高まってきたように思われる。

英語表現は、あいさつやイエス・ノーで答えられる簡単な会話程度のものであるが、それでもなんとか気持ちが伝えられることを経験した結果、③のような変化がみられた。逆に④の設問では、3年生の値が「できない」方へ移っている。これは、「ぜったいできる」が減少したためであるが、「たぶんできない」から「たぶんできる」に移っていった子もかなりみられることから、総体的には、関心意欲は依然として高いと考えてよい。

表6 「あなたは次のことができると思いますか」

[学級平均値]
上段：3年生
下段：5年生

	ぜったいできる	たぶんできる	たぶんできない	ぜったいできない	4月		3月
①外国人に道を教えてあげる	1	2	3	4	3.55	⇒	2.00
					2.58	⇒	2.57
②外国人と握手する	1	2	3	4	1.42	⇒	1.40
					1.68	⇒	1.63
③外国にいる人に電話をしたり、手紙を出す	1	2	3	4	2.94	⇒	2.27
					2.66	⇒	2.41
④外国の子と友だちになる	1	2	3	4	2.00	⇒	2.22
					2.10	⇒	1.97

下の**表7**を見ると，1年間を通してALTと英語活動を続けたことで，外国人と出会う時の緊張感や身構えてしまうような意識がなくなり，進んで関わろうとする意識が育ってきていることが読みとれる。

　また，コミュニケーションを深めるために，相手のことばを理解したという思いが感じられた。英語圏以外の国では，どんなことばを話すのか，あいさつのことばはなんというのかなど，外国語そのものに関心をもつ子も出てきた。

表7　「あなたのクラスに外国の子どもが転校してきたら，次のようなことをどれくらいしたいと思いますか」

［学級平均値］
上段：3年生
下段：5年生

	とても おもう	わりと おもう	あまり おもわない	ぜんぜん おもわない	4月		3月
①日本のことばを教えてあげる	1	2	3	4	1.55	⇒	1.27
					2.10	⇒	2.07
②外国のことばを教えてもらう	1	2	3	4	1.71	⇒	1.56
					2.13	⇒	1.86
③その子の家へ遊びにいく	1	2	3	4	1.88	⇒	1.59
					2.40	⇒	2.34

　表8（次ページ）は，これからの英語に対する関わりについて尋ねたものである。①の設問の答えが大きく変化している。内訳をみると，「英語を習いたいと思わない」の人数がかなり減少している。「もっと英語が話せたら」——ALTとの交流をして感じ取った子どもたちの率直な思いであろう。英語がうまく話せなくても，身振りや手振り，表情を豊にすることなどで外国人とコミュニケーションがとれることを，子どもたちは体験の中から感じ取っている。けれども，もっと英語が話せたら，担任の助けを

借りずに自分のことばでその思いをきちんと伝えられるだろう，伝えたい，という気持ちが湧いてきているようだ。

英語活動を始めたばかりの頃は，学習の終わりや感想やあいさつのことばは担任が簡単な英文を用意することが多かったが，学習が進むにつれて，「（こんなことを言いたいのだが）英語ではなんと言うのですか」と自分の気持ちを英語で表現しようとする姿が見られるようになった。

②は，①ほど大きな変化は見られない。英語活動を教科学習のような授業ととらえると，「勉強する」というイメージが強くなってしまうのかもしれない。それでも，もっと英語が話せるようになりたいと，子どもたちは思っているようだ。

表8 「あなたのことについておたずねします」

[学級平均値]
上段：3年生
下段：5年生

	とても おもう	わりと おもう	はんぶん はんぶん	あまりお もわない	ぜんぜん おもわない	4月	3月
①英語を習いたいと思いますか	1	2	3	4	5	2.60 ⇒ 2.21	
						3.00 ⇒ 2.55	
②小学校でも英語の授業をしてほしいと思いますか	1	2	3	4	5	1.80 ⇒ 1.54	
						2.23 ⇒ 2.17	

	1か月以上 行きたい	1か月くらい 行きたい	1週間くらい 行きたい	3〜4日 行きたい	行きたくない		
③外国へ旅行に行ってみたいですか	1	2	3	4	5	3.51 ⇒ 3.45	
						3.06 ⇒ 2.94	

3 各学校の実践例

1 「英語とともだち」——D小学校6年生

1-1 はじめに

(1) 英語活動のねらい

全学年が英語活動に取り組んでから2年目になる今年度（2000年度）は，昨年度の進め方の方針と同様に，

- ALTとの直接的な体験を中心にして進める。
- 「聞いたり」，「話したり」しながら活動する。
- 歌やゲームなどを取り入れる。

以上のことを中心にして英語活動に取り組んできた。加えて，2000年度はTT方式の指導体制の確立や子どもの実態に合わせたニーズを取り入れるプラン作りなども手がけたいと考えた。

(2) 英語活動の時間

3年生から6年生までは，総合的な学習の時間の中に年間を通して英語活動の時間を確保している。ALTといっしょに活動する時間はそれぞれ6～10回であるが，その前後に学級担任のみで進める英語活動の時間を入れると，10～20回程度の時間が必要と

考えた。

 1，2年生については，ALTとの活動時間が20分間のため，1授業時間の半分の時間で3～6回，学級活動の時間に実施した。

(3) 教材・資料の開発

「聞いたり」，「話したり」の活動が中心になるとはいえ，子どもたちの目に訴える教材や資料は大変効果的であると考え，2000年度も開発に努めた。そして，特定の学年のみが使用するのではなく，どの学年でも使用できるように耐久性も考えて作成し，整理・保管をしている。これには，子どもたちの手作りによる絵カードなども含まれる。また，この年度から始まった「えいごリアン」を視聴したり，語彙が自然に増えるように「ワード・ブック」の使用も取り入れたりした。

(4) 子どもからの発信

継続して英語活動をしているうちに，子どもの側に「こんなこともやってみたい」という気持ちが生まれ，英語に対する知的好奇心が高まってきた。そして，いままで受け身であった学習態度に変化が見られるようになってきた。このようにして生まれたのが，日本のおとぎ話を紙芝居にしてALTに見せる活動や，凧や独楽回しなど伝承遊びの紹介である。また，既習の英語を使って短い劇遊びをしたり，英語の歌に挑戦したりして活動の広がりを考えるようにした。

(5) 教師側の実態から

● <u>学級担任が進める前後の活動</u>

ALTとの英語活動の回数は限られているため，より有意義な体験にするにはその前後にクラス担任だけで進める活動が大切に

なってくる。ALTとの活動の前に行う準備が十分でなければ，せっかくALTといっしょに活動しても効果が薄くなってしまう。そこで，歌やゲームの中で出てくる英単語などは事前に取り入れて簡単な活動を進めている。

ただ，英語が得意な教師は少ないのが現状であるため，CDやビデオなどを活用している。また発音の仕方などは，「ALTの言い方をしっかり聞こう」，「ALTの口の動きをよく見てみよう」などと子どもたちに指示をしている。

● <u>TT方式の確立</u>

子どもの実態を一番よく知っているのは学級担任であるから，ALTとの英語活動のプランは，それぞれねらいをもって各学年の担任が作成にあたることになる。その際，指導書やすでに行った活動案などを参考にすることが多いが，クラスの実態に合わせて再構成することを心がけてきた。

また，ALTとは事前の打ち合わせを密にしなければならず，これが一番苦労するところである。担任の語学力の問題もあり，英語を使って説明してもALTにあまり理解してもらえないことがある。そういう場合には，ジェスチャーや絵などを用いてコミュニケーションを図っている。

活動の時間では，子どもたちの「ワクワク」，「ドキドキ」の気持ちの高まりを持続させ，子どもたちの自信を喪失させないように気をつけている。だから，始めからALTが英語でまくしたてるような活動の入り方ではなく，学級担任がALTといっしょに息を合わせて，日本語と英語をうまく組み合わせて活動を進めている。ただし，すぐに息の合ったTTをすることは難しい。そこで，担任とALTとの交流がより深まっていくように，休み時間を利用して，お茶を飲んだり互いのことを話したりして意思の疎通を図っている。

1-2 活動計画

(1) 年間活動計画

D小学校6年生　年間英語活動計画

回	テーマとねらい	活動内容	
		インタラクション	歌・チャンツ・ゲームなど
1	「友だちを紹介しよう」 "This is my friend, 〜." ・はじめてのALTに，友だちを英語で紹介し，会話を楽しむ。	A：Hello. B：This is my friend, 〜. A：Hello, 〜, my name is 〜. Nice to meet you. C：Hi, ○○. 　　Nice to meet you, too.	「スリーヒント・ゲーム」 ・英語のヒントを聞き取り，カードを当てるゲーム。
2	「今日，着ているものは？」 "I'm wearing white socks." ・知っている英語を組み合わせて，会話を楽しむ。	ALT：He is wearing red sweater. 　　Who is he? C：It's 〜. ALT：Good. Nice job.	"The Farmer in the Dell" の歌。 ・歌を歌いながらのゲーム。
3	「何が見える？」 "I see a dog." ・ゲームの中で，英語で聞いたり	全：What do you see? A：I see a dog. B：Do you see apples? A：Yes, I do. C：Do you see a	"The Farmer in the Dell" の歌。 "The Muffin Man" の歌。 ・ワードブックを

	話したりする。	house? A：Yes, I do.	使った，ページ当てゲーム。
4	「何をしていますか？」 "I'm playing tennis." ・英語を使って，電話でのやりとりをする。	A：Hello. This is 〜 speaking. B：Hi, 〜. How are you? A：Fine. What are you doing? B：I'm studying English.	"The Farmer in the Dell" の歌。 "The Muffin Man" の歌。 ・スリーヒント・ゲーム。
5	「おとぎ話を教えてあげよう」 "I'll show you *Kaguyahime*." ・自分たちで作った英語の紙芝居を発表する。	A：This is my card. B：Do you like cats? A：Yes, I do.	・手作りの紙芝居。
6	「道案内をしよう」 "Excuse me. Can you tell me the way to the station?" ・訪ねたり教えたりしながら，ゲームを楽しむ。	A：Excuse me. B：May I help you? A：Can you tell me the way to the station? B：O.K. Turn to the left.	・サイモンセッズ・ゲーム。
7	「午後，何をしますか？」 "What do	A：What do you do in the afternoon? B：I play baseball.	・ジェスチャー・ゲーム。

	you do in the afternoon?" ・放課後に友だちを誘うときのように，英語を使って会話をする。	How about you? A : I go to a department store.	
8	「ゲーム集会をしよう」 ・いままで学習した英語を使って，ゲームを楽しむ。	A : Do you like yellow? B : No, I don't. I like red.	・色当てゲーム。 ・アルファベット・ゲーム。 ・数字当てゲーム。
9	「将来，なりたいものは？」 "I want to be a pilot." ・自分がなりたい職業を，英語を使って話す。 ・日本の文化を教える。(1)	A : What do you want to be? B : I want to be a nurse.	"Ha, Ha, This a Way" の歌。 ・凧についての質問ゲーム。
10	「カードにしたがって」 "Do you have stamps?" ・カードに書かれた指示に従って，買い物ごっ	A : Excuse me. Do you have postcards? B : Yes, we have. A : I want two postcards. B : Here you are. A : Thank you.	"My Bonny" の歌。 ・サイモンセッズ・スペシャル。 ・独楽についての質問。

こをする。 ・日本の文化を教える。(2)		

(2) 授業までのプロセス

● 英語に慣れるように

 ALTといっしょに活動する時間が，子どもたちにとってより楽しく，自信に満ちて進められるように，クラスの中で英語に触れる活動を多く取り入れている。

 今回の授業は英語活動の最終回であるため，いままで学習してきたことを生かしてプランを立てた。しかし，常に英語を使用して生活しているわけではないので，忘れてしまう子も少なからずいる。そこで，次のような計画で事前の授業に取り組んだ。

①国語で学習した外来語から，ふだん身近に使う外来語や本来の意味と違った意味になって広まった外来語などをあげてカードを作る。(国語の授業で)

②20種類のカードを用いて，カードめくりゲームをする。(朝の会で)

③前月に行った「将来なりたいものは」の短い会話を練習する。(朝の会で)

④ALTを迎えての英語活動

⑤授業後，「ハロー・イングリッシュ・カード」に学習したことや感想，これから取り組んでみたいことなどを記入する。

● 子どもたちの発想から

 毎回，英語活動の時間が終わるたびに一人ひとりがカードに記入して，自己評価をしている。このカードはいままでの活動の記録でもあり，子どもたちの振りかえりに大いに役立っている。また，同時に子どもたちが感じたことや望んでいることなどがわか

り，次の活動プラン作りにも役立った。

このカードに書かれたことから生まれたのが，日本の紙芝居や伝承遊びの紹介である。子どもたちの希望を授業の中に組み込んでみると新たな授業展開が見えてくる。

1-3 授業の展開

2月　第6学年「英語とともだち」活動案

日　時：2月20日（火）
テーマ：「買い物ゲームをしよう」
目　標：・今までに学習した英語表現を用い，ゲームの中で進んで使おうとする。
　　　　・ALT に日本の独楽回しを紹介する。
展　開：

	学習内容と活動	担任と ALT の支援
リラックス	1. あいさつをする。 2.「サイモンセッズ・ゲーム」をする。	・あいさつをし，緊張をほぐす。 ・全体から個人へ。 ・ALT の言うことをよく聞くように助言する。
コミュニケーションの場	3. グループ対抗で命令ゲームをする。 "Do you have sandwiches?" 　——"Yes, we do." "I want egg sandwiches." 　——"Here you are." "Thank you." 　——"You are welcome."	・ゲームのルールを説明する。 ①グループを半分にわけ，1つは旅人で，もう一方は店番。 ②旅人はカードを選び，カードに書かれている物を買う。 ③品物がなかったら売っている店を探す。1軒の店では1点しか買えない。 ④時間を決めて交代する。

	⑤ ALT は店員になり，プラス1の質問をして答えさせる。
4. 日本の文化を紹介する。 （2回め） 　英語やジェスチャーなどで独楽回しを紹介し，ALT といっしょに遊ぶ。	・日本の文化の中から，紹介するものをあらかじめ考えさせる。 ・独楽を用意する。
○終わりのあいさつをしよう。	

1-4 授業の記録

　5年生から数えると，21回目の授業である。小学校生活最後の英語活動であるが，いままでとあまり変わらずに ALT の登場を待った。いつものあいさつの代わりに，サイモンセッズ・ゲームを取り入れた。アウトになった子どもはそのまま立ち，残りの子どもたちはその場に座った。立っている子どもは ALT と一対一で自己紹介をする。1回目は名前や好きなスポーツなどを話し，2回目では ALT にも聞き返す会話もした。既習の会話例なので，声の大きさに違いはあるものの，どの子どももつかえることなくALT との会話を楽しむことができた。

　次にゲームのルール説明をした。授業前，「ALT が話す英語が大体が理解できるようになった」との声が多かったので，ALT にはジェスチャーも入れて，ゆっくりと英語で説明してもらった。

　高学年になると，英語を話してみたいと思いながらも，はずかしさやためらいなどが出てきて思うように活動ができないことがある。今回は友だち同士で英語を話さなければゲームが成り立たないので，一人ひとりが会話をしながら活動できた。また，グ

ループ対抗にすることにより、それぞれ協力し合おうとする意識が生まれ、活発な活動ができた。

2学期からは、子どもたちの発想から生まれた日本の文化の紹介に取り組んできたが、今回は「独楽回し」を紹介した。片言の英語やジェスチャーなどを用いてALTに教えようとする姿から、お互いの文化を教え合い、相互理解をしようとする子どもたちの思いが感じられた。

1-5 授業を終えて

いままで授業の導入部分では、歌を歌いながら場の雰囲気づくりを図ってきたが、6年生も後半になると興味を示さなくなる傾向がある。そこで、他の方法を用いて子どもたちの気持ちをリラックスさせようと試みた。サイモンセッズ・ゲームは低学年向きであるが、今回のように一対一の会話を入れて工夫すると6年生でも楽しめる。

買い物ゲームは、買うものが指示されたカードに従って進めていくため、友だちが同じ指示カードを持っているとは限らない。1つでも多くの買い物をするためには、各店に行って売っているかどうかを質問しなければならない。また、店番になった子どもは客の相手をしなければならないので、どの子どもも笑みを浮かべて会話を楽しんでいた。既習の会話を使っているので、自信をもって英語を話しているようだった。

授業後の感想には、「以前、駅で外国の人に話しかけられたとき、黙って逃げてしまったことがあるけど、いまはもう話せるかも知れないと思った」と述べた子がいた。

数少ない英語活動の時間ではあったが、子どもたちには大きな自信が育っていたようだ。

2 「英語にチャレンジ！」——E小学校3年生・6年生

2-1 はじめに

(1) 英語活動の基本的な考え

●英語を楽しむ活動

　本校の英語交流活動では，子どもたちがより興味・関心を持つように歌やゲームなどを取り入れている。ただし，同じゲームを何度も繰り返して行うと子どもたちも興味を失って飽きてしまうので，いろいろな歌やゲームを工夫し，変化をつけながら活動している。

　授業では，一度にたくさんの英語表現を提示するのではなく，できるだけ平易な表現を取り入れて子どもたちに無理のないようにしている。

　また，実際のコミュニケーションの場面では，言語によらない伝達表現であるボディー・ランゲージ（ジェスチャー）も重要な意味をもつことを理解させている。

●英語を「聞く」・「話す」活動

　本校の英語活動は，多くの小学校でも行われているように，文法を教える活動を中心とするのではなく，ALT の発音をよく聞き取り，それを子どもたちがまねて話そうとする活動を中心としている。

●活動の進め方と担任の関わり方

　英語活動の進め方はあくまでも担任が中心となって行うようにした。

　活動案については事前に ALT に送って内容を理解してもらうとともに，当日の朝にもう一度授業の進め方を確認している。活

動終了後もできるだけ振り返りの話し合いをもち，次の活動へ生かすようにしてきた。

2-2 活動計画

(1) 年間活動計画

学年	月	ねらい	主な学習活動
6	4	・英語のあいさつをする。 ・簡単な自己紹介をする。 ・英語の歌を覚える。 ・英語を使ってゲームを楽しむ。	・簡単なあいさつと自己紹介の練習をする。 ・英語の歌を練習する。 「ABCの歌」, "London Bridge" ・「ビンゴ」や「フルーツバスケット」
	5 ALT 参加	◎ Making phonecall ・電話のかけ方のパターンを覚える。 ・○×ゲームを楽しむ。	"Hello! 〜, please." "I'm 〜." "Let's go shopping." "OK!" ・dog → animal（○） ・cat → fish（×） ・tulip → bird（×）
	11 ALT 参加	◎Telling the time ・英語の数の表わし方を知る。 ・halfを使って時刻を表わす。 ・数字カウントゲームを楽しむ。	・ALTの発音をしっかり聞く。 "One, two, ..., twelve" ・「30分」を表わすhalfを使って練習する。 "It's half past one." "It's half past two."

			・1〜12を英語・日本語と交互に言う。
3	4	・英語のあいさつをする。 ・簡単な自己紹介をする。 ・英語の歌を覚える。 ・英語を使ってゲームを楽しむ。	・簡単なあいさつと自己紹介の練習をする。 ・英語の歌を練習する。 「ABCの歌」,「ドレミの歌」 ・「ビンゴ」や「フルーツバスケット」を楽しむ。
	6 ALT 参加	◎動物の鳴き声 ・みんなで歌を歌う。 ・「鳴き声大会」を楽しむ。	・日本語の鳴き声との違いを知る。 　ducks → quack, cows → moo, pigs → oink, sheep → baa ・音楽から聞こえてきた鳴き声を元気にまねる。
	1 ALT 参加	◎色を表わす英語のことばを知る。 ・「イマジネーション・ゲーム」を楽しむ。	・ALTの発音をしっかり聞く。 　black, blue, green, red, white, yellow ・ALTの見せる色からある「もの」を連想する。 （もちろん日本語でもよい） 　black → crow, blue → sea, green → grass, red → blood, white → snow, yellow → banana 　など。

(2) 授業までのプロセス

　子どもたちは英語活動の時間をとても楽しみにしている。そこで本校では，子どもたちの学習意欲が継続するように「毎日の活動」と「定期的な活動」を明確にして取り組んでいる。

毎日の活動

朝の会	帰りの会
日直：Stand up. Good morning, everybody. 担任・子：Good morning. 日直：Sit down.	日直：Stand up. Good-bye, everybody. 担任・子：Good-bye. See you again.

※毎日行うことによって習慣化され，ごく自然に言うことができるようになった。

定期的な活動

歌	ゲーム	その他
「朝の会」で1～2か月に1回の割合で英語の曲を紹介している。歌詞の理解できない部分は，ハミングで歌う。	1～2か月に1回の割合で行うクラス集会の中で楽しんでいる。「ビンゴ」，「フルーツバスケット」などが人気がある。	国際理解という点から，英語だけでなく，世界各国の文化についての情報を，さまざまな学習活動の場面で知らせている。

2-3 授業の展開

〔6年〕

C＝児童　HT＝担任　ALT＝外国人指導助手

	学習内容と活動	担任とALTの支援
	①あいさつをする。 Hi! Hello! Good morning!	HT：ジャック先生とあいさつをしましょう。 ALT：Hi! C：Hi! ALT：Hello! C：Hello! ALT：Good morning! C：Good morning!
5分	②1〜12の数字の表わし方を復習する。	HT：1から12までをジャック先生に続いてはっきり言ってみましょう。 ALT：（数字カードを見せながら）One, two, ..., twelve. C：One, two, ..., twelve.
15分	③時刻の表わし方を練習する。 ALT：It's one (o'clock). C：It's one (twelve) (o'clock). ALT：It's half past one. C：It's half past one (twelve).	HT：今日は，時刻の表わし方を練習しましょう。 ALT：（時計の模型を使いながら） 　　It's one (o'clock). ※ALTの発音をよく聞いて練習する。 HT：次に「1時30分」の表わし方を練習しましょう。

		ALT：It's half past one. ※ ALTの発音をよく聞いて練習する。
10分	④「数字カウント遊び」を楽しむ。 C：one →に→ three →よん→ five →ろく→…	HT：円になってゲームを始めましょう。 ※1～12の数字を3拍子のリズムに合わせて英語，日本語，英語，日本語と交互に言う。
	⑤終わりのあいさつをする。 Good-bye. See you again.	ALT：Good-bye. C：Good-bye. ALT：See you again. C：See you again.

〔3年〕

	学習内容と活動	担任とALTの支援
	①あいさつをする。	HT：ジャック先生とあいさつをしましょう。
	Hi!	ALT：Hi! C：Hi!
	Hello!	ALT：Hello! C：Hello!
	Good morning!	ALT：Good morning! C：Good morning!
5分	②「ドレミの歌」を歌う。	HT：皆のよく知っている「ドレミの歌」を元気良く歌いましょう。歌詞の分からない部分は，ハミングで歌いましょう。

10分	③色を表わす言葉を練習する。 ALT：Black, blue, green, red, white, yellow. C：Black, blue, green, red, white, yellow.	HT：今日は，色を表わす言葉を練習しましょう。 ※ALTの発音をよく聞く。
15分	④「イマジネーション・ゲーム」を楽しむ。 ALT　　　C white　→ snow（雪） yellow → lemon（レモン）	HT：自分の好きな色を選んでチームを作りましょう。 HT：それぞれの色から想像できるものをたくさん発表したチームが優勝です。 ※英語・日本語のどちらでもかまわない。
	⑤終わりのあいさつをする。 Good-bye. See you again.	ALT：Good-bye. C：Good-bye. ALT：See you again. C：See you again.

2-4　授業の記録

▶6年

●活動②　1～12の表わし方を復習する

　5年生の活動で1～20までの表わし方を練習しているので，この活動はスムーズに進んだ。ただ，elevenとtwelveの発音が少し難しかったようである。

●活動③　時刻の表わし方を練習する

　活動②の発展として時刻の表わし方に取り組んでみた。

　It's half past one. のパターンは初めて取り上げてみたが，pastの言い方が少し難しかったようだ。halfについては，「ある

ものの半分」という意味であることが、イメージできていた。
● 活動④　「数字カウント遊び」を楽しむ

　活動のまとめの意味も含めて取り入れてみた。ルールに慣れるにしたがい、徐々に声も大きくなってきて、早く自分の順番が来てほしいという表情が多くの子どもたちに見られた。

▶ 3年
● 活動③　色を表わすことばを練習する

　本時では、子どもたちのよく知っている次の6色を取り上げた。
　　black, blue, green, red, white, yellow
　まず、色画用紙を見せながら、ALTの発音に集中させた。

● 活動④　「イマジネーション・ゲーム」を楽しむ

　活動③の発展としてこのゲームを扱った。子どもたちは自分の好きな色を選んでチームを作り、ALTの発音した色からさまざまな「もの」をイメージしていった。いちばん多く答えたチームを優勝としたが、英語のことばが分からない時は、日本語で答えてもよいことにした。

　授業の前、3年生にとっては、1つの色からさまざまな「もの」をイメージするのは少し難しいのではないかと考えたが、授業が始まると子どもたちのイメージは次々に広がり、とても楽しく盛り上がった活動になった。

2-5　授業を終えて

▶ 6年

　この活動を通して「時刻の表わし方」の基本はおおよそ理解できたと思う。最後に取り上げた「数字カウント遊び」については、事前に何回か遊んでおくべきだったと反省している。遊び自体は親しみやすいので、事前に内容をよく理解させ、授業の中では

ゲームが盛り上がるようにすべきであったと思う。

ゲームの時間には、ALTが考えた「爆弾ゲーム」を「数字カウント遊び」の後で行ったクラスがあったが、ルールがすぐに理解でき楽しく取り組めた。

▶ 3年

色を表わす英語はカタカナ英語化しているので、子どもたちは知っていた。ただし、カタカナ英語とは発音が異なるので、ALTに繰り返し発音してもらった。この活動の後、「イマジネーション・ゲーム」を取り入れた。

このゲームは6色の中から自分の好きな色を選び、同じ色を選んだ者同士でチームを作り、ALTの発音した色と関係のある「もの」を考える遊びである。

このゲームの別な進め方として、ALTの発音したことばはその色のチームだけが答える方法がある。どちらを選ぶかは、子どもの実態に合わせたり、ALTの意見を参考にするとよい。子どもたちは、こちらの予想以上に楽しく意欲的に活動していた。

本校では英語の活動時間以外に給食時間にもALTと給食を共にし、交流を深めている。給食時間には、子どもたちは気軽に話しかけ、楽しい雰囲気が感じられた。

3 「みんなとなかよく」——F小学校2年生

3-1 はじめに

(1) 児童の実態・育てたい力

2年生の子どもたちに育てたい力のひとつに、「豊かな人間形成のために進んでコミュニケーションを図ろうとする態度を育て

る」がある。コミュニケーション能力を育てるひとつの方法として，4月から英語活動に取り組んできた。この活動は，国際理解教育の一環として英語活動をとらえ，実践してきたものである。

英語活動の留意点としては，以下のことが挙げられる。

①遊び感覚の楽しい英語活動をしていく。

②子どもの活動後の反省を生かして次の活動を組むようにする。

③多くの人との関わりを積極的に持とうとする意欲を育てるために，活動の場を設定したり支援を工夫したりする。

(2) 取り組みの内容と方法

歌やゲームで英語に親しむことが中心の活動である。音楽科の4月学習単元に「みんなで1・2・3」，「小犬のビンゴ」，「ロンドン橋」等の英語や世界の国々の言語で歌う教材があったこともあり，子どもたちは，英語の歌やゲームに関心を持ち，「もっと歌いたい，知りたい」という思いを持った。そこで，その後は，NHK教育放送「えいごリアン」を視聴したり，「10人のインディアン」などの歌を歌ったりして英語に親しんできた。1学期には，学年親子集会で「ロンドン橋」を歌ったり"Seven Steps"等のゲームをしたりして楽しんだ。英語の歌やゲームを通して家の人とコミュニケーションをとる楽しさを味わうことができたように思う。

このように活動を広げ，英語を使う場を設けることが，子どもたちに英語活動への意欲を喚起させることにつながったと思う。

2学期以降は，担任が動物や食べ物等のカードを用意してカルタやレストランごっこをしたり，福笑い等のゲームをしたりした。

毎月の活動は，子どもたちの実態を見て，興味関心を持って取り組めるよう，教材や活動を学年の担任全員で相談しながら作り上げていった。

(3) **ALT とのコミュニケーション活動**

9月から ALT との英語活動を隔月に行った。外国の人とふれ合うことが初めての子が多いこともあり、子どもたちは喜びと不安が入り交じった気持ちで最初の活動を迎えた。子どもたちは、片言の英語でのあいさつや歌だけでなく、自分の作った自己紹介カードを見せたり、ジェスチャーをしたりしながら自分の思いを伝えようとした。子どもたちにとって、ALT とのコミュニケーションは新鮮なものであった。

その後、ALT とのふれ合いは英語活動にとどまらず、「ALT のことを知りたい」、「ALT の生まれたオーストラリアってどんな国だろう、調べてみよう」と、学習意欲は広がっていった。ALT との交流学習は、その人を理解すること、その国や文化を理解することにつながり、国際理解の授業としても展開できた。

3-2 活動計画

(1) 年間活動計画

月	ねらい	主な活動内容			
		歌	ゲーム	えいごリアン	ALT の来校
4	・英語で簡単なあいさつをする。楽しく歌を歌う。	"Bingo"	"Bingo game"	・初めて会った時のあいさつを練習する。	
5	・英語のゲームを楽しむ。	"London Bridge"	"London Bridge"	・日常、人と会った時のあいさつ	

				を練習する。	
6	・動作を入れながら楽しく歌う。 ・家の人とゲームを楽しむ。	"Ten Little Indians"	"Seven steps"	・持ち物を聞いたり,何なのかを聞いたりする練習をする。	
7	・いろいろな果物の名前を知り,ゲームで使う。	「きらきら星」	"Fruit basket"	・何が好きなのかを聞く練習をする。	
9	・簡単な自己紹介をする。	「頭,肩,ひざ,ポン」	"Simon says"	・「こうしなさい」という言い方を練習する。	・ビル先生とWelcome partyをして楽しむ。
10	・ゲームをしながら,いろいろな動きを表わす言い方に気づく。	「ＡＢＣの歌」	"Shark attack game"	・何ができるか聞いたり,「いっしょにやろう」と誘う言い方を練習する。	
11	・いろいろな動物の名前を知り,ゲームで使う。	"Hello Song"	"Animal basket"	・場所を聞く練習をする。	・あいさつや歌,ゲームをして楽しむ。

12	・曜日の言い方を歌を通して覚えて遊ぶ。	"The Days of a Week"	"Duck duck goose game"	・いつのことか聞く練習をする。	
1	・「レストランごっこ」をして楽しむ。	「青い鳥」	「福笑い」	・何がほしいか，注文をする言い方を練習する。	・ALTと「Animalカルタ」をして楽しむ。
2	・絵本を読んでもらって大体の話がわかる。	"Are You Sleeping?"	"Whisper game"	・どうしたのか相手に尋ねる言い方を練習する。	
3	・ビル先生に感謝の気持ちを表わす。	「ドレミの歌」	"'Do you like it?' game"	・「やってはいけない」という言い方を練習する。	・「ありがとうビル先生」の会をして楽しむ。

(2) 授業までのプロセス

NHK教育放送「えいごリアン」を毎週視聴している。2週間同じ放送があるので，1回目は，見て聞いて英語にふれて楽しむ活動としている。2回目は，話の内容はわかっているので，番組の登場人物のことばをいっしょに声を出して言ったり歌ったりしている。

番組を毎回録画しておき，歌遊びの時は，そのところだけを繰り返して見せていっしょに歌ったり身振りをつけたりして楽しん

だ。「レストランごっこ」の時もその場面だけをもう1度見せてから活動するなど、テレビ放送を活用した。

2学期からは隔月でALTが来校したが、ALT来校前に各クラスで歌やゲームの練習を、音楽や体育の時間の一部をその活動に充てて、1回10分から15分で行った。

日常の生活の中で、「おはよう」や「さようなら」のあいさつを英語で言ったり、授業の中で簡単な英語で話しかけたり、クラスの友達の誕生日には、みんなで"Happy Birthday"を歌う活動をしてきたりした。

年間の活動時間は、1回15分の活動を1か月に3回（45分）行い、年間で11単位時間（495分）を使った。また、ALTとの活動は1回30分とし、年間4回で取り組んだ。

3-3 授業の展開

2年生英語活動案

日　時：1月30日（火）
題材名：「ビル先生とカルタで遊ぼう」
ねらい：・ALTや友だちとのふれ合いを楽しむ。
　　　　・進んでコミュニケーションをとろうとする。
展　開：

Major Step	Time	ACTIVITIES		
		Children	HRT	ALT
1. greetings	3	・Good morning. How are you?	・Good morning. I'm fine, and you?	・Good morning. I'm fine, and you?

		I'm fine, too. I'm not fine.	・先生や友達と進んであいさつできるよう，声をかける。	
2. songs	5	・好きな歌を身体表現しながら歌う。	・伴奏をしたり，歌ったりする。	・dances with children.
		"Hello Song" "The Days of the Week"		・sings these songs.
3.「Animalカルタ」	17	・動物の名前を聞き，いっしょに言う。(22種類)	・絵カードを用意し，操作する。 ・ALTの発音をしっかり聞かせる。	・teaches these words. ・reads these cards.
		lion, giraffe, elephant, snake, zebra, etc.		
		・「Animalカルタ」をグループ毎に楽しむ。	・ルールを確認する。	
4. chants	3	・チャンツを楽しむ。 ・言葉のリズムを楽しむ。	・ALTの後についていっしょに楽しむ。	・teaches chants.
5. greetings	2	・Good-bye. ・Thank you. ・See you again.	・感謝の気持ちを込めてあいさつできるようにする。	・Good-bye. ・See you.

3-4 授業の記録

(1) "Hello Song"

「えいごリアン」のテキストに掲載された歌である。"Hello Song 1" の方は、クラスの子どもたちを4つのグループに分け、"Hello" を4つのパート毎に歌い、"I'm glad to see you." のところはいっしょに歌った。4つのパートの内、最初に "Hello" というグループは、4番目のグループが "Hello" と歌うまで声をつなげる。この音の重なり合いが楽しく、子どもたちの大好きな歌となった。"Hello Song 2" は、歌を歌いながら歩き回り、歌い終わったところで、そばにいる友だちとあいさつするようにした。動作を入れながら楽しくあいさつをすることができた。

(2) "The Days of the Week"

この歌も「えいごリアン」のテキストに掲載されていたものである。授業前に曜日の言い方を教えておき、授業では、手旗信号のような動作をしながらこの歌を歌った。曜日によって両腕の出し方が違うので、動作をしながら楽しく歌を覚えることができた。

(3) 「Animal カルタ」

22種類の動物のカード（画用紙半分の大きさ）を用意し、まずALTにカードを読んでもらう。カードは多いが、日常、耳にしている英単語がほとんどなので、抵抗はないようだ。ことばとしては聞いたことがあっても、「カンガルー」のアクセントが最後のところにあることなど初めて知った子どもたちは、目を輝かせてALTの発音を聞いていた。

その後、8つのグループに分かれ、グループ毎にカルタ取りをした。読み札を読むのはALTである。子どもたちは、ALTの

発音に集中し，しっかり聞き取りながらカルタをした。

(4) Chants

毎回楽しみにしている活動である。英語には，音の強弱によって作り出される特有のリズムがある。子どもたちは，ALTの動作や顔の表情，言葉を真似て繰り返すうちに，ことばの持つ意味やイントネーションを理解することができるようになった。

3-5 授業を終えて

「今日はビル先生と会えてうれしかった」，「また来てほしいな」，「アニマルカルタが楽しかったな」，「これから英語でビル先生と話したい」といった授業後の子どもの感想をみると，ALTとの英語活動を心待ちにしている子どもたちにとって一番心に残る活動は，ALTとのふれ合い活動である。

その意味から，ネイティブ・スピーカーであるALTと子どもたちとの英語活動場面をどう工夫していくかが今後の課題である。1つの活動が終わった後は，子どもたちの感想を生かしながら次の活動までにどんな歌やゲームを体験させておくかを考える。また，ALTとの打ち合わせで，ALTからアイディアをもらって次回の準備として，絵本を図書館から借りてきたり，ゲームに使う小道具を作成したりしている。

2か月に1度のこのふれ合いの場を有意義なものにしていくためには，子どもの実態をつかんでいる担任が英語活動を組み立てなければならないだろう。ALTとのティーム・ティーチングは月に1度なので，ALTが来校した時に次回の打ち合わせができるようにしておくことも大切だと考える。

4 「英語とこんにちは」——G小学校4年生

4-1 はじめに

「英語がしゃべれたらいいな」,「アメリカの子どもと手紙のやり取りがしたい」,「外国の人と話をしてみたい」,「自分の名前を英語で書きたい」,「英語であいさつしてみたい」,…。

やってみたいことが次々に出てくる4年生の子どもたち。この熱い気持ちを大切に,「英語って楽しいね」と思う心を育てようと考え,学習に取り組んだ。

クラス30人の児童のうち,英語学習経験のない子が20人,習ったことのある子が6人,英語圏から帰国した子が4人となっている。来校するALTは日本語が堪能だが,学習中はすべて英語で通すようにしてもらった。

英語に親しもうというねらいから,海外在住経験のある子どもたちには易しすぎる内容になってしまうので,その子どもたちには,通訳をさせたり,ALTと会話の手本をさせたりしながら,皆が楽しめるようにと考えた。

授業では,歌,ゲーム,寸劇を多く取り入れ,楽しみながら愉快に英会話を身につけ,日常生活に取り入れたくなるような内容を工夫してきた。

来校するALTはフィリピン出身なので,フィリピンの文化や習慣を紹介し,身近なアジアにも気づかせたいと考えた。

地域にはいろいろな国の人がいることに気づき,仲良くしようという気持ちを育てていければと思っている。

この授業を通して一人ひとりが楽しい英語と出会い,「こんにちは」ができるように,と願っている。

4-2　活動計画

(1)　年間活動計画

回	月	ねらい	主な学習活動
1	6月	◎英語のあいさつに慣れる。 ○"How do you do?"	○はじめまして，エリコ先生。 ・ALT の自己紹介を聞く。 ・英語であいさつをしよう。 　"How do you do?" 　"How do you do?" 　"What's your name?" 　"My name is 〜." ・ほかのあいさつも使おう。 ・"Good Morning"の歌を歌いながら動作をつける。 ・"Good-bye" ゲームをする。 ・終わりのあいさつをする。
2	7月	◎ALT の出身国を知り，さらに仲良くなる。 ○英語の発音に慣れる。	○フィリピンはどんな国？ ・調べたことを発表する。 （衣・食・住，他） ・ALT から話を聞く。 ・もっと知りたいことを聞く。 ・バンブーダンスで遊ぶ。 ・感想をまとめる。
3	9月	◎数字で遊ぼう。 ○"How old are you?" 　"I'm ten (nine) years old, and you?" 　"I'm 〜 years old."	○何歳ですか？ ・「1, 2, 3, 4, 5」の歌を歌う。 ・1から20までの数字の表わし方を知る。 ・数字を使った椅子取りゲー

			ムをする。
4	10月	◎好きなものを教えてあげよう。 ○ My favorite color is 〜."	○好きな色は何？ ・果物や色の表わし方を知る。 　"What's your favorite color?" 　"My favorite color is 〜." ・一対一の会話に友達を加える。 ・ゲーム形式で，今日の学習の復習をする。
5	11月	◎体の不調を英語で表現する。 ○"How are you today?" 　"I have a cold." 　"I'm tired." 　"I'm sleepy." 　"That's so bad."	○風邪をひいているの。 ・英語の歌を歌う。 　"Head, Shoulder, Knees and Clap!" ・体の調子がよくない時の表現を知る。 ・ゲーム「頭はどこ？」をしながら体の部分の名前を知る。
6	12月	◎ ALT とフィリピンの遊びをする。 　"How do you do?" 　"How are you?" 　"How old are you?" 　"What's your favorite color?"	○今までの学習のふりかえりをしよう。 ・一人ひとりが ALT と会話練習をする。 ・ゲーム "Jack and ball" をグループごとに楽しむ。
7	1月	◎兄弟・姉妹は何人いるのか教えよう。 　"How many brothers and sisters do you have?	○兄弟・姉妹は何人いるの？ ・兄弟・姉妹の表現を知り，質問したり答えたりする。

		"I have two sisters, and you?" "I have 〜."	
8	2月	◎家族のことを英語で言ってみよう。 "Do you have a brother/sister?" "Yes, I do" "No, I don't."	○家族合わせゲームをしよう。 ・お父さん/お母さん/兄弟/姉妹の単語の復習をする。 ・「兄弟や姉妹がいますか」という質問の仕方と答え方を知る。 ・2グループに分かれ，リズムに乗せて練習する。 ・"This is My Family Game"をする。

(2) 授業までのプロセス

　4年生3クラス，年間8時間の予定で，総合的な学習の時間として取り組んだ。一人ひとりに自分の名前カードを作らせたいところだが，4年生の当初はまだローマ字を学習していないので，担任が用意した。ALTはカードを見て名前を呼ぶので，その部分を大きめに書いた。1学期，ローマ字の学習を少し早めに始めることにし，アルファベットの順番を歌いながら覚え，書く練習をした。2学期に入ってからは，1日1枚ずつローマ字日記をつけ始め，30枚が終わる頃には，多くの子どもたちが表を見なくてもローマ字が書けるようになった。

　月1回の英語の時間に習った歌は，朝の会などを利用し，テープに合わせてしっかり歌えるように繰り返し練習した。全校音楽集会では，"Head, Shoulders, Knees and Clap!"を取り上げ，1年生から6年生まで全員で動作をつけて楽しく歌った。

このほかにも,「えいごリアン」を視聴したり, ALT に教えてもらったゲームに取り組んだりして, 英語に触れる機会を多くしてきた。

　ALT が来校した際には子どもたちと給食をともにしてもらい, 授業以外でもふれ合いの場を設けた。食事をしながら話すことで親しみを増し, さりげない交流を重ねることで子どもたちも楽しく英語活動に入っていけたようである。

　英語活動の場は視聴覚教室を使った。スペースが広く机がないので, 学習形態によって, 1つの輪になったりグループごとに集まったりと, 自由に活動でき, ALT と子どもとの距離も近づけることができた。絨毯が敷いてあるので, 座って活動することもでき, さまざまなゲームに取り組むにも便利だった。ふだん学習している教室ではないので, 子どもたちも,「さあ英語をやるぞ」という新鮮な気持ちで授業に入っていったようである。

4-3 授業の展開

（C＝子ども　HT＝担任　ALT＝外国人指導助手）

	学習内容と活動	担任 (HT) と ALT の支援
5分	①あいさつをする Good morning!	HT：エリコ先生とあいさつしましょう。 ALT：Good morning! C：Good morning!
歌5分	②"Head, Shoulder, Knees and Clap!" を歌いながら動作をつける。 　　Head, shoulders, knees and	HT：先生の真似をしてごらん。 ＊音楽なしで頭, 肩, 膝, 両手を打つ。続いて, 目, 耳, 鼻, 口を指し示す。ALT はそれぞ

	clap! 　Knees and clap! Knees and clap! 　Eyes, ears, nose and mouth!	れを発音してみせる。 ＊カードを見せながら，head, shoulders, knees, eyes, ears, nose, mouth の発音の練習をさせる。
コミュニケーション	③体の調子があまりよくない時の表現を知る。 A：How are you today? B：I have a cold. C：I'm tired. D：I'm sleepy. A：That's so bad.	HT：風邪をひいているは，英語でどう言うのですか。 ALT：I have a cold. ＊HTとALTで手本を見せる。 HT：では皆で練習しましょう。 ＊ALTの後に続いてうまく言えるように何回か練習する。 ＊C同士で，あいさつしてみる。 ＊慣れてきたところで，CとALTであいさつする。ALTと一対一で，全員があいさつする。
ゲーム	④ゲーム「頭はどこ？」をしながら，体の部分の名前を知る。toes, neck, elbow などの発音練習をしてから，ゲームに入る。	＊HTが絵カードを見せ，ALTが発音する。ALTの発音に続いて，Cが発音する。うまく発音できるようになったら，ゲームをする。
5	⑤ALTに聞きたいことを質問する。	＊日本語でよい。
5	⑥わかれのあいさつ。 　Good-bye. See you again.	ALT：Good-bye. See you again. C：Good-bye. See you again.

4-4 授業の記録

　ゲーム「頭はどこ？」でオニが言ったところを正しく指せば，正解である。オニは口で言ったところとは違う場所を指す場合もある。それにつられてしまった人は，アウトとなる。最後に残った人がチャンピオンとなる。

［手順］
①5つのグループに分ける。
②1グループを前に出し，説明をする。
③教師：先生の言ったところを正しく指せた人が正解です。先生は違う所を指すかもしれません。間違えた人は席に戻ります。
　ALT：Head.（と言って肩を指す）
　C：（頭を指す子どもや肩を指す子ども）
　　　動作につられて間違った所を指した子どもは，自分の席に戻る。
　ALT：Mouth.（と言って何もしない）
　C1：（よく分からず，隣を見ている）
　C3：（mouth を指す）
　ALT：あなたがチャンピオンです。次のグループどうぞ。
④すべてのグループのチャンピオンを決め，最終戦を行う。

　自分の番になって出てくる子どもの意気込みが違う。目を閉じ，発音だけをしっかりと聞こうとする子，自分の番ではなくても身を乗りだし ALT の発音を聞き，頭や肩を指し示す子。人数が少なくなるにつれ，歓声があがり，教室内は盛り上がっていった。

4-5　授業を終えて

　「クイズみたいなのが楽しい。顔とかが少し覚えられた」、「ゲームをしながらいろいろな英語を覚えた」、「歌でいろいろな言葉を覚えた。もっともっといろいろな歌を覚えたい」、「あともう少しでゲームに勝てたのに。今度は勝ち残りたい」など、子どもたちの感想はどれも英語活動に肯定的だ。

　一方、「あいさつがいろいろあってなかなか覚えられない」という声があったので、「あいさつパート2」を冬の始まりのこの時期に組んでみた。英語の文をよく聞いて繰り返し発音をする学習であったが、しっかり覚えていくことはなかなか難しいようである。

　あいさつ、歌、コミュニケーション・ゲームの流れの中に統一性を持たせ（今回は体の部分の名前）、1回の授業が終わった時に、繰り返し学習ができていたという形にもっていった。子どもたちは、楽しみながらあいさつや体の部分の名前を覚えられた。

　英語学習も回を重ねるうちに児童が積極的になってきた。「最初の時は、恥ずかしくって言えなかったけれど、やっているうちになれてきてやっとはっきり言えるようになった」、「私は、英語なんてどうでもいいと思ったけれど、外国の人といろいろ話したいと思った。英語もちょっと覚えたし良かった」、「英語の発表が最初は恥ずかしかったけれど、今少し慣れてきた。楽しくなってきた」といった感想を残している。

　内容が易しすぎるのではないかと心配していた帰国児童も、みんなといっしょに学ぶ英語の楽しさについて、「アメリカでしか英語を喋らなかったけれど、日本語を使わないで日本の友達と英語を喋ってよかった」、「簡単過ぎだけど、英語を楽しくできるようになった。楽しさを教えてもらった気持ちになった」などと

語っている。

　子どもたちの笑顔と楽しさがクラスいっぱいに広がる学習となっていった。

5 「英語をならってみたいな」——H小学校6年生

5-1 はじめに

(1) **外国文化に触れたい**

　ALTとの英語学習を始めるきっかけは、国語科の学習であった。教科書の単元「南に帰る」(ブラジルに帰る友人と主人公との友情の物語) を読み終えての感想に、「僕／私も外国の知り合い・友人が欲しいな」という意味のことばが多く書かれていた。

　そこで、子どもたちに他の国について知りたいことや学習したいことを聞いてみた。

(2) **子どもたちの希望**

　子どもたちの希望では以下のものが出てきた。
- いろんな国の名前・国旗・あいさつを知りたい。
- 外国の遊びを知りたい。
- 外国の文化・習慣・料理を知りたい。
- 外国の人と仲良くなりたい。(emailを送りたい)
- 日本の食べ物や文化を教えたい。
- 英語を学習したい。

　この中で取り組めそうなものを検討し、子どもたちに提案した。まず、できそうなことは「英語を習ってみよう」、「外国の人に料理を習う計画を立てよう」、「外国と関係の深い国を学習しよう」

であった。

そして,「英語を習ってみよう」では,ALTに来てもらえるかも知れないことを伝え,教師側も準備に取りかかった。計画をしたのは1学期なので,ALTが呼べるとしても2学期以降である。そこでALTが来校するまでの間は,子どもたちとNHK教育番組「えいごリアン」を使って英語に親しむことにした。

(3) **楽しみな英語の時間**

アメリカから来たALTとの学習が,2学期からいよいよ始まった。初日はもう大変である。英語の学習は3時間目からだというのに,朝から興奮した子どもたちの数名が,事前に用意したフルーツバスケットのお面を頭にかぶっている。よっぽどうれしかったのか,6年生でも「先生,うれしい」と言いにくる男の子がいたり,「昨日家で自己紹介を練習したんだよ」と言いにくる子がいたりした。

それからというもの,月1回の英語の授業がとても楽しみになった子どもたち。「昨日はマイヤ先生が来る日だったのに風邪で休んじゃったんだ」ととても残念がる子もいた。

(4) **「ねらい」としたこと**

「英語で簡単な自己紹介の仕方を知り,人と積極的にかかわろうとする」ことをねらった。小学校段階では英語の単語・文章が書けるようにならなくても「英語に親しむ」ことを通して,異文化を体験することができればと思う。そして,積極的に人とかかわろうとする意識を持つこと,異文化と自国文化の違いや共通点を見つけ,それぞれの文化を尊重しようとする意識を持つことができればと思う。

5-2 活動計画

(1) 英語活動「学習計画」　9月～2月

月	時数	ねらい	主な活動内容
9月	0.5	◎英語のあいさつに慣れる。 （英語の発音に慣れる） ○ Greeting	・TV「えいごリアン」を視聴する。 ・"Hello. I'm ～. Nice to meet you." の練習をする。 ・英語の歌を練習する。「きらきら星」("Twinkle, Twinkle Little Star")
	0.5	◎英語に親しむ。 ○ What (　) do you like?	・TV「えいごリアン」を視聴する。 "What (　) do you like?" "I like ～." ・「何が好きですか」の質問に慣れる。 "What (　) do you like?"
	0.5	◎簡単な日常のあいさつの単語を練習する。 ・自己紹介の練習をする。	・「おはよう」,「こんにちは」,「さようなら」といった日常のあいさつを練習する。 "Good morning." "Nice to meet you." "How are you?" "I'm fine, thank you." "Good-bye." "I'm ～." "Nice to meet you."

			"I like 〜." ・ALT に聞く質問を考える。 ("What（　　）do you like?")
	10分	○歓迎会をする。	①音楽の時間に練習した曲をリコーダーで演奏する。 ②「きらきら星」の1番を英語，2番を日本語で歌う。
	1	◎英語のあいさつに慣れる。 ・簡単な自己紹介をする。 ・ゲームを楽しむ。 ○ Greeting 　"I like 〜." 　"Fruit Basket Game"	① ALT とあいさつをする。 　"Good morning." 　"Nice to meet you." 　"How are you?" 　"I'm fine, thank you." ② ALT の自己紹介を聞く。 ③自己紹介と質問をする。 　"I'm 〜." 　"I like 〜." 　"What（　　）do you like?" ④フルーツバスケットをする。 　"Everyone, change your seat." 　"Apples, change your seats."
10月	0.5	◎英語に親しむ。 ○ What's this?	・TV「えいごリアン」を視聴する。 　"What's this?" 　"It's 〜."
	0.5	◎英語に親しむ。 ○ Where is it?	・TV「えいごリアン」を視聴する。 　"Where is it?"

			"It's in 〜."
	0.5	◎簡単な質問を知り，答え方に慣れる。	・ALTとの学習で使うセンテンスに慣れ，答え方に慣れる。 "What's this?" "It's 〜." "Where is it?" "It's in the (　) room."
		・図形の読み方を知る。	・circle, square, rectangle, triangle diamond, heart, star ・「ロンドン橋」の歌を練習する。("London Bridge")
	1	◎簡単な英語の質問に答える。 ・ハロウィンの意味を知る。 ・ALTの先生から習ったゲームを楽しむ。 ○ What's this? 　 Where is it?	① ALTとあいさつをする。 ②「ロンドン橋」を歌う。 ③ ALTより簡単なハロウィンの説明を聞く。 ④ ALTの質問に答える。 "What's this?" "It's 〜." "Where is it?" "It's in the (　) room." ⑤「ダック・ダック・グース」ゲームをする。
11月	0.5	◎英語に親しむ。 ○ How many 〜?	・TV「えいごリアン」を視聴する。 "How many 〜?" (10までの数字の読み方) ・英語の歌を練習する。 「10人のインディアン」("Ten Little Indians")

	0.5	・ハンバーガーショップでの買い物の準備をする。	・品物の言い方を知る。 ・お金（ドル）や簡単な注文のセンテンスを知る。
	1.5	◎英語を使ってハンバーガー・ショップで買い物をする。 ・数の数え方に慣れる。 ○ Let's go to a hamburger shop.	① ALTとあいさつをする。 ②「10人のインディアン」を歌う。 ③品物の発音を教えてもらう。 ④英語の単語ビンゴをする。 ⑤注文の仕方を教えてもらう。 　"May I help you?" 　"Yes, hamburger and coke, please." 　"How many?" 　"(　) hamburger(s) and (　) coke(s), please." 　"How much?" 　"(　) dollars, please." 　"Here you are." 　"Thank you." ⑥客や店員になって買い物をする。
12月	0.5	◎英語に親しむ。次時の学習の準備をする。	①英語の歌の練習をする。 　("We Wish You A Merry Christmas") ②「形 & アルファベット」バスケット・ゲームに使うカードを作る。 ③交換ゲームのセンテンス("Do you want ～?")の意味を

			知る。
	1	◎ゲームを楽しむ。 ・アルファベットの発音に慣れる。 ○ Do you want 〜?	① ALT とあいさつをする。 ②じゃんけんゲームをする。 ③英語の歌を歌う。("We Wish You A Merry Christmas") ④「形&アルファベット」バスケット・ゲームをする。 　"Everyone, change your seats." 　"Squares (triangles, circles), change your seats." ⑤ステレオゲームをする。 ⑥プレゼント交換をする。 　"Do you want 〜?"
1月	0.5	◎英語に親しむ。	①英語の歌の練習をする。 ("On the Bridge of Avignon") ② TV「えいごリアン」を視聴する。 　"Where is my snack?" 　"Go straight." 　"Turn right." 　"Turn left."
	1	◎英語を使った道案内の言い方を練習する。 ・ゲームを楽しむ。 ○ Asking the Way 　"Where is 〜?"	① ALT とあいさつをする。 ②英語の歌を歌う。 ("On the Bridge of Avignon") ③絵地図を使って。 　"Go straight." "Turn right." 　"Turn left."の練習をする。 ④自分のいすの回りを ALT の

			指示に従って動いてみる。 ⑤ALT から指名された子どもが教室全体を動く。 ⑥ゲーム"Red Light"をする。
2月	1	◎ALT に感謝の気持ちを表わす。	①お別れパーティをする。 ・ALT に教えてもらった学習をもとにして作った劇をする。 ②「サイモン・セッズ」のゲームをする。 ③最後に学年全体で合唱とリコーダーの合奏を披露する。 ③最後に ALT の話を聞く。 ④お礼の言葉を言う。

(2) 英語の学習に期待することは？

　ALT のマイヤ先生と何回か学習をした後に，子どもたちに「これから学習したいこと・やりたいこと」のアンケートをとってみた。

　すると「ゲームをたくさんやりたい」，「おもしろいのがいい」，「外国のゲームをもっと知りたい」という意見に混じって，「英語で道案内ができるようになりたい」，「日常会話をもっと知りたい」という意見がでてきた。

　そこで今回，「楽しく簡単な道案内」を学習に取り入れることにした。

5-3 授業の展開

6年生「英語を習ってみたいな」活動案

日　時：1月30日（火）
場　所：多目的ホール
題材名：「どっちに行くの？」
めあて：・ALTと進んでかかわろうとする。
　　　　・簡単な道案内のセンテンスに慣れ親しむ。
展　開：

	学習内容と活動	担任（HT）とALTの支援
あいさつ （3分）	①あいさつをする。 ALT："Good morning." Stu："Good morning." ALT："Nice to meet you." Stu："Nice to meet you, too." ALT："How are you, today?" Stu："I'm fine, thank you." Stu："And you?" ALT："I'm fine, thank you."	HT：マイヤ先生とあいさつしましょう。 ・後半部分は忘れやすいので，担任の方で助言をする。
歌 （5分）	②"On the Bridge of Avignon"を歌う。	・音楽をかけていっしょに歌う。
練習 （5分）	③地図を使って3つのセンテンス "Turn rught." "Turn left." "Go straight." に慣れる。	HT：地図をなぞっておやつにたどり着こう。 ・ALTが正しい発音を教えた後，地図を使って学習する。

活動 会話 （15分）	④ALTの指示通りに各自のいすの回りを動く。 ⑤ALTに指名された子が代表でいすを並べてできた通路を歩く。 ⑥今度は子どもが指示を出してみる。	HT：マイヤ先生が話した通りに自分のいすの回りを動いてみよう。 HT：言われたとおりに進んでみよう。前に止まった子が次の番だよ。 ・ALTはいろいろな進路で子どもを誘導する。 HT：今度はマイヤ先生に代わって指示を出してみよう。
ゲーム （15分）	⑦ゲーム"Red Light"をする。	HT：「アメリカ式だるまさんが転んだ」をやろう。（ゲームのやり方を説明する） ・ALTがはじめにオニをやってみせる。
あいさつ （2分）	⑧別れのあいさつをする。 "Good-bye. See you again."	

5-4 授業の記録

　子どもたちは事前に「えいごリアン」の道案内の番組を見ていたので、「右（左）に曲がって」、「まっすぐ行って」などのセンテンスはわかっていたが、いざネイティブの発音を聞いて見ると、"RIGHT"と"LEFT"のはじめの音が似通って聞こえたり、慣れなくて右と左を動き間違えることもあった。途中、子どもが1人ずつALTの指示に従って動く場面では、動いている子が次の順

番を待つ自分の位置に近づいてきたら,自分はその子と交代になるというスリル感などで,とてもどきどきしていたようだ。

ゲームのまとめとして,皆で3つのセンテンス "Turn right." "Turn left." "Go straight." を繰り返し聞き,シュミレーションをしているうちに,3つのセンテンスを自然に覚えていった。無理なく身についたようである。

またゲーム "Red Light" は日本の「だるまさんが転んだ」の遊びに似ているが,今まで子どもたちが遊んできたルールとの違いが新鮮に感じとられたようで,最後まで楽しく興味深く取り組むことができた。

5-5 授業を終えて

子どもたちは,初めての ALT との授業に緊張したようだったが,2回目以降は次第に慣れ,とても積極的にあいさつをして活動に取り組んでいた。時々,日本語とは違う微妙な発音の違いに戸惑ったりするが,子どもは耳がとてもよく,ネイティブの発音をまるで物真似でもするかのように上手に受け入れていった。

月1回の ALT との授業だけでは知識の定着は難しいが,かと言って他の教科のように継続して学習時間は確保できないのが実状である。ALT の来校前にはテレビ視聴をしたり基本表現の練習をしたりするなどの準備をすることはもとより,ALT との英語活動の展開に際しては内容を厳選し,「内容を絞り込む」,「何度も繰り返す」,「必ず全員が答える」といった英語に慣れる授業の組み立てを心がけた。

あとがき

　総合的な学習の時間の実施が決まり，併せて小学校にも英語学習が導入されるとの報を聞いたとき，私は，一体誰がその研究の先鞭をつけるのだろうと他人事のように考えていた。その私が，川崎市立小学校国際教育研究会での研究の当事者になり，さらにその実践を本書第2部「英語活動の実践例」として本書にまとめることになるとは思いもよらないことであった。

　研究に踏み出す遠因となったのは，川崎市立小学校国際教育研究会でこの研究を立ち上げたメンバーが海外勤務の経験があったことにあると思う。滞在国が英語圏・非英語圏に関係なく，海外生活の中で多かれ少なかれ「英語」と対峙し苦闘したという経験によって，英語によるコミュニケーションの重要さや必要性を肌で感じさせられたのであった。

　学校教育における実践研究は，ほとんどが学校単位で行われている。また，英語のように小学校にこれから導入される学習は，ごく限られた学校が研究指定を受けて進められるのが一般的である。先進的な研究の多くがトップ・ダウンで行われている中，私たちの研究はボトム・アップの言葉通り，意識ある教員グループによる下から湧き上がった研究であることをご理解いただきたい。また，私たちの実践に勤務校をはじめ多くの協力と理解が得られ，支えがあって研究が継続できたことは言うまでもない。

　さて，本書第1部は服部孝彦先生が担当されているが，先生は第2部の構成にあたり大所高所よりご指導くださり，私たちのことをいつも気にとめ遠くケンタッキー州・ミュレーの地からも励

ましをいただいた。服部先生との共同作業で，小学校における英語による国際理解教育のあり方を「理論」と「実践」という形にまとめることができた。

　第2部の執筆にあたっては，年間を通した授業例と授業ノートは国島信先生の実践によった。詳しい年間活動計画を立て実践したのは佐藤裕之先生。また，石川奈緒美，紙屋剛，塩山智子，殿岡富之，道田公美子，森かな子の各先生には具体的な実践事例を，佐々木千鶴先生には詳細な授業案を紹介してもらった。

　なお，実践編における英文表記は語学学習の入門期にある小学生を対象としているため，簡単な英語表現を心がけてきた。実践にあたってはネイティブ・スピーカーにも助言を受け授業に臨んだが，必ずしも文法が正確でないことがある。この点も併せてご理解いただきたい。

　これらの授業プランと実践例は，これから英語活動を始めようとする小学校にとっては参考になるものと自負している。しかし，まだまだ一貫した研究の内容にはほど遠い。先輩諸氏の指導をこれかも真摯に受け止め，実践研究の中でさらに深めていかなければならないと痛感している。

　最後に，遅々として進まない第2部の実践編の執筆をいつも温かく見守っていただき，そのまとめ方にまで懇切丁寧な教示いただいた大修館書店池田恵一氏には心からの御礼を申し上げたい。

2002年2月10日

　　　　　　　　　　　　　　　　　　　　　　　吉澤寿一

参考文献・教材

【和書】

伊藤嘉一 (2000)『小学校英語学習レディーゴー』ぎょうせい.

江田 司 (2000)『みんなで歌う英語の歌』教育芸術社.

影浦 攻 (2000)『小学校英語：66研究開発学校の取り組み全情報』明治図書.

久埜百合 (1997) Textbook. ぽーぐなんイングリッシュスクール.

久埜百合 (1999) Word Book. ぽーぐなんイングリッシュスクール.

久埜百合 (2000)『NHKテレビ えいごりあん 1学期・2学期・3学期』日本放送出版協会.

佐藤郡衛 (1997)『国際理解教育の考え方・進め方』教育開発研究所.

中央教育審議会 (1996)「21世紀を展望した我が国の教育の在り方について (第一次答申)」1996年7月.

中島和子 (1998)『バイリンガル教育の方法』アルク.

中本幹子 (1996) WELCOME to Learning World. アプリコット.

中本幹子 (1997) WELCOME to Learning World BLUE BOOK. アプリコット.

中本幹子 (1999) REDAY for Learning World. アプリコット.

松崎 博 (1999)『みて！きいて！かんたん英語カード』旺文社.

松崎 博 (2000)『ノリノリ英語ゲーム100』旺文社.

御園和夫 (2000)『英語を楽しくする7つの方法』旺文社.

文部省 (1998)『小学校新学習指導要領』1998年12月.

吉澤寿一, 他 (2000)『英語の歌とゲーム・活動のアイデア集』小学館.

渡邉寛治(編)(2000)『総合的な学習：はじめての小学校英語』図書文化.

渡邉寛治 (2000)『小学校英会話指導のテクニックとプラン』教育開発研究所.

ビデオテープ『歌っておぼえる英語の歌』ジオス出版.

【洋書】

Bailey, N., C. Madden and S. Krashen (1974) "Is there a 'natural sequence' in adult second language learning?" *Language Learning*. 24 : 235-43.

Bloomfield, L. (1933) *Language*. Holt, Rinehart and Winston.

Cummins, J. (1996) *Negotiating Identities: Education for Empowerment in a Diverse Society*. California Association for Bilingual Education.

Dulay, H., M. Burt and S. Krashen (1982) *Language Two*. Oxford University Press.

Ellis, R. (1990) *Instructed Second Language Acquisition*. Blackwell.

Ervin-Tripp, S. (1967) "Language and TAT content in bilinguals." *Journal of Abnormal and Social Psychology*. 68 (5) : 500-507.

Ervin-Tripp, S. (1974) "Is second language learning like the first?" *TESOL Quarterly*. 8 : 111-27.

Fletcher, P. and M. Garman (eds.) (1986) *Language Acquisition*. Cambridge University Press.

Fry, D. (1977) *Homo Ioquens*. Cambridge University Press.

Gibbons, P. (1993) *Learning to Learn in a Second Language*. Heinemann.

Grosjean, F. (1982) *Life with Two Languages*. Harvard University Press.

Johnson, J. and E. Newport (1989) "Critical period effects in a second language learning: the influence of maturational state on the acquisition of English as a second language." *Cognitive Psychology*. 1 : 60-99.

Johnson, J. and E. Newport (1991) "Critical period effects on universal properties of language: the status of subjacency in the acquisition of a second language." *Cognition*. 39 : 215-58.

Krashen, S. (1979) "The monitor model for second language acquisition." In R. Gingras (ed.), *Second Language Acquisition and Foreign Language Teaching*. Center for Applied Linguistics.

Krashen, S. (1981) *Second Language Acquisition and Second Language Learning*. Pergamon.

Krashen, S. (1982) *Principles and Practice in Second Language Acquisition*. Pergamon.

Krashen, S. (1985) *The Input Hypothesis: Issues and Implications*. Longman.

Krashen, S. (1996) *Under Attack: The Case against Bilingual Education*. Language Education Associates.

Lambert, W. (1972) *Bilingual Education of Children: The St. Lambert Experiment*. Newbury House.

Larsen-Freeman, D. and M. Long (1991) *An Introduction to Second Language Acquisition Research*. Longman.

Lenneberg, E. (1967) *Biological Foundations of Language*. John Wiley.

Long, M. (1993) "Second language acquisition as a function of age: research findings and methodological issues." In K. Hyltenstam and A. Viberg (eds.), *Progress and Regression in Language*. Cambridge University Press.

McLaughlin, B. (1986) "Multilingual education: theory east and west." In B. Spolsky (ed.), *Language and Education in Multilingual Settings*. Multilingual Matters.

Meisel, J., H. Clahsen and M. Pienemann (1981) "On determining developmental stages in natural second language acquisition." *Studies in Second Language Acquisition*. 3 : 109-35.

Patkowski, M. (1980) "The sensitive period for the acquisition of syntax in a second language." *Language Learning*. 30 : 449-72.

Sachs, J., B. Bard and M. Johnson (1981) "Language learning with restricted input: case studies of two hearing children of deaf parents." *Applied Psycholinguistics*. 2 : 33-54.

Swain, M. (1981) "Time and timing in bilingual education." *Language Learning*. 31 : 1-15.

Swain, M. (1985) "Communicative competence: some roles of comprehensible input and comprehensible output in its development." In S. Gass and C. Madden (eds.), *Input in Second Language Acquisition*. Newbury House. 235-45.

■索引

あ

アイコンタクト 70
アイデンティティ 10
アウトプット 33
遊び場の言語 27
「頭はどこ？」ゲーム 174
意識調査 18
異文化 66, 69, 91, 111, 114, 119
異文化間コミュニケーション 54
異文化理解 50, 53, 55, 111
イマジネーション・ゲーム 129, 153, 158-9
イマージョン 26, 29
色 158-9
インプット 32-4
インプット仮説 32
英語会話 7
英語教育導入 5, 26
英語嫌い 18
英語の論理 46
えいごリアン 142, 163
エスノセントリズム 51
「落ーちた, 落ちた, 何が落ちた」ゲーム 83
音声変化 40

か

外国語会話 7-8
外国語教育 6-7
外国人指導助手（→ ALT）
買い物ゲーム 150
外来語 147
学習指導要領 7
学力言語能力 27
「形＆アルファベット」バスケット・ゲーム 181-2
価値観 52
学級担任 13-4
学校教育法施行規則 10
カード交換ゲーム 90
カリキュラム 22
教室の言語 27
強勢のリズム 39, 49
共有基底能力 25
クラッシェン 31, 34
クラッシェン・バッシング 33
研究開発学校 5, 10
研究主題 11
言語学習 31, 34
言語獲得装置 35-6
言語決定論 24
言語習得 28, 31, 34
言語の使用場面 23, 35
国際体験活動 16
国際理解 6-7, 66-7, 161
国際理解教育 7, 65-7, 91-2
コミュニケーション 9, 41
コミュニケーション能力 9, 39, 53
コミュニケーションを図ろうとする態度 11

さ

細案 73
サイモンセッズ・ゲーム 149-50
サブマージョン 26

時刻　157
自己紹介　82-4
自己評価　22, 147
自然な順序仮説　32
視聴覚教材　15
指導者の役割　13
指導体制　13
社会言語学的能力　53
シャーク・アタック・ゲーム　86, 117, 128
習得・学習仮説　31, 34
授業案　71, 73
授業時間の弾力的運用　17
授業ノート　87, 107
ショー・アンド・テル　47
情意フィルター仮説　33
『小学校英語活動実践の手引き』　8, 23
小学校学習指導要領　67
初期バイリンガリズム　25
数（字）　109-11, 113, 116
数字カウント遊び　156
数字の言い方　112
スキット（→寸劇）　72, 105-9, 112, 114, 117, 119-22, 130
ステレオタイプ　51, 111
スリーヒント・ゲーム　144
寸劇（→スキット）　89, 115
総合的な学習の時間　7, 66-7
相互評価　22

た

第一言語学習者　28
第二言語学習者　28
第二言語習得　28, 37
第二言語習得研究　28
多文化共生　65
単数形・複数形　113
談話能力　53
中央教育審議会　6, 66
チョムスキー　36
ティーチング・プラン　71
丁寧表現　45
ティーム・ティーチング　13-4, 68-9, 71, 73
転移　26
伝言リレー　114
伝達言語能力　27
動機づけ　16
到達目標　21-2
動物の鳴き声　109, 111
「動物の鳴き声」バスケット・ゲーム　110

な

二言語共有説　25
二言語分離説　25
日本語の論理　47
日本人英語教師　13
認知的要求度　27
ぬり絵ビンゴ　124
ネイティブ・スピーカー　48, 69
年間活動計画　18, 93, 106
年間プラン　91
年齢　28
ノンバーバル・コミュニケーション　55

は

バイリンガリズム　25

バイリンガル　25
バイリンガル教育　26
発信型　10
発想法の違い　42
ハロウィン　89
ビデオ教材　15
評価　21
評価方法　21
ビンゴ・ゲーム　87, 112
フィルター　33
文化相対主義　50-1
文法能力　53
方略的能力　53
ボディー・ランゲージ　151

ま

マイノリティ　26
道案内ゲーム　128, 130
モジュール方式　18
モニター　31-2
モニター仮説　31, 34
モニター装置　31
モニター・モデル　31, 33-4
モノリンガル　25

や

ユネスコ　9

ら

リスニング能力　32
リズム　15, 39-40
リタラシー・トランスファー　26
略案　73
臨界閾仮説　37
臨界期　29
臨時教育審議会　5
臨時行政改革審議会　5
ローマ字　171
ロール・プレイ　73

《欧文項目》

ALT　13-4, 68-9, 71, 73, 108-9, 132
Animal カルタ　166
Chants　167
Simon Says Game　120, 124
TESOL　49
TPO　45
What's the time, Mr.Wolf?　127-8

[著者略歴]

服部孝彦（はっとり たかひこ）
東京都渋谷区に生まれ，米国シカゴに育つ。慶應義塾大学卒業。早稲田大学，上越教育大学，ユニオン大学の各大学大学院修了。文学博士（Ph.D. in English）。現在，大妻女子大学助教授，米国ミュレー州立大学客員教授。著書に『アメリカへ帰りたい!』（日本図書ライブ），Understanding Accreditation（松柏社），文部科学省検定中学英語教科書『ニューホライズン』（共著，東京書籍）他，多数がある。英検I級面接委員。

吉澤寿一（よしざわ じゅいち）
神奈川県川崎市立古川小学校教諭，東京学芸大学大学院教育学研究科修士課程在籍，多言語多文化教育専攻。著書に『国際理解教育の授業づくり』（分担執筆，教育出版），『英語の歌とゲーム・活動アイデア集』（共著，小学館）他がある。

英語教育21世紀叢書
英語を使った「総合的な学習の時間」
――小学校の授業実践
ⓒTakahiko Hattori, Juichi Yoshizawa, 2002

初版第1刷――2002年4月1日

著者――――服部孝彦，吉澤寿一
発行者―――鈴木一行
発行所―――株式会社 大修館書店
　　　　　　〒101-8466　東京都千代田区神田錦町3-24
　　　　　　電話03-3295-6231（販売部）　03-3294-2357（編集部）
　　　　　　振替00190-7-40504
　　　　　　[出版情報]　http://www.taishukan.co.jp

装丁者―――中村愼太郎
印刷所―――文唱堂印刷
製本所―――難波製本

ISBN4-469-24470-8　Printed in Japan
Ⓡ本書の全部または一部を無断で複写複製（コピー）することは，著作権法上での例外を除き禁じられています。